W0198603

Melationship
Eine Beziehung mit mir!

4. Auflage

© 2020 Diana zur Löwen
Wetterstr. 34
35516 Trais-Münzenberg

team@melationship.de

Das Werk, einschließlich seiner Teile, ist urheberrechtlich geschützt.
Jede Verwertung ist ohne Zustimmung des Herausgebers und der Autoren unzulässig.
Dies gilt insbesondere für die elektronische oder sonstige Vervielfältigung,
Übersetzung, Verbreitung und öffentliche Zugänglichmachung.
Die Inhalte dieses Buches sind von Autoren und Herausgebern sorgfältig erwogen
und geprüft, dennoch kann eine Garantie nicht übernommen werden.
Eine Haftung von Autoren und allen Mitwirkenden für Personen-, Sach-,
und Vermögensschäden ist ausgeschlossen.

Herausgeberin: Diana zur Löwen
Autorinnen: Diana zur Löwen, Leyli Sahin
Satz, Layout & Design: Leah Smyra
Illustration & Grafik: Leah Smyra
Lektorat: Anna Lautwein

Gastautor*innen und weitere Mitwirkende:
Muriel Boettger, Silvi Carlsson, Dominokati,
Alexa Grassmann, Kisu, Anna Lautwein,
Sara Isabel Mayer, Leah Smyra, Annelina Waller,
Elena Weidemann, Anna Wilken, Maximilian Wolf

www.melationship.de

ISBN 978-3-9822393-2-3

Diana zur Löwen

Melationship

Eine Beziehung mit mir

Inhalt

Melationship

Das erste Mal!

STORYTIME

Mein erstes Mal Sex hatte ich mit 16 Jahren mit einem guten Kumpel.

Es war genau so, wie man sich sein erstes Mal vorstellt: sehr unbeholfen und irgendwie ganz ok. Es gab keine Gefühle und auch kein langes Vorspiel. Rein, raus und das Ganze hörte auf, sobald mein Sexualpartner zum Höhepunkt kam.

Wie wahrscheinlich die meisten Teenager wollte ich es einfach hinter mich gebracht haben, um mitreden zu können und so zu tun, als ob ich Ahnung von Sex hätte.

Tatsächlich hat es danach weitere drei Jahre gedauert, bis ich nochmal mit jemandem intim wurde und mit 19 Jahren hat sich mein Sexleben auch noch nicht so angefühlt, wie es in den diversen Sex and the City-Folgen beschrieben wird.

Nachdem ich meine erste eigene Wohnung in Köln bezogen hatte, eine 36 qm große Einzimmerwohnung direkt auf der studentischen Partymeile "Zülpicher Straße" mit Erker und kuscheliger Schlafnische, die man über eine kleine Leiter erreichen konnte, war ich mir sicher:

> Jetzt geht es so richtig los. Hier wirst du dich verlieben und hier wirst du auch endlich lernen, guten Sex zu haben.

Ich war schon immer eine Optimistin. Doch tatsächlich blieben die romantischen Dates aus.
Ok, einer hat mich mal zu einem Poetry Slam eingeladen, was ich ganz süß fand, aber oftmals traf ich Typen über Tinder, mit denen ich spazieren ging oder Jungs aus meiner Uni, die mit meinem Erfolg auf Social Media oft überfordert schienen.
Ich hatte hier und da auch mal One Night Stands. Von einem, der nicht nur in meinem Kopf hängen geblieben ist, möchte ich hier gerne erzählen.

Es war an meinem 20. Geburtstag, als ich im Kölner Club Flamingo einen süßen blonden Jungen mit nach Hause nahm. Er kam wie ich aus Hessen und irgendwie dachte ich, dass dies als Gemeinsamkeit reichen würde, um die Nacht miteinander zu verbringen. Am Ende war er zu betrunken, um einen hochzubekommen – also sind wir einfach alkoholisiert nebeneinander eingeschlafen.
Am Morgen danach klingelte mich eine SMS meiner Mutter wach mit den Worten: "Wir sind in 10 Minuten bei dir, um spontan mit dir zu feiern."

Ich versuchte mein Date von letzter Nacht wachzurütteln - vergeblich. Also machte ich mich verkatert fertig und fiel fast die Treppe zu meiner Schlafnische herunter.
Noch pünktlicher als vorhergesagt waren meine Eltern da. Eltern sind einfach immer überpünktlich. Sie standen in meiner Wohnung und alles, was ich wollte, war, diese so schnell wie möglich mit meinen Eltern zu verlassen und zu hoffen, dass mein Date währenddessen ebenso die Kurve bekam.
Aber ich vergaß, dass mir meine Eltern für die Party Getränke gebracht hatten, die sie natürlich mitnehmen wollten. Also ging mein Vater auf Pfandflaschensuche in meiner Wohnung, während ich mit meiner Mutter über meine entspannte Feier gestern plauderte.
Einen Moment nicht aufgepasst, kletterte mein Vater die Leiter zu meiner Schlafnische hoch, um dort nach Flaschen zu suchen! Bevor

er ganz oben war, bremste ich ihn ab und sagte, dass er dort nicht gucken müsse...

Bis vor zwei Jahren lebte ich in ständiger Ungewissheit, ob mein Vater meinen One Night Stand gesehen hatte – eines Nachts als ich beim Feiern einen anderen Mann kennenlernte, der am Ende übrigens einer meiner gefühlt größten Fehltritte war, wollte ich mit diesem noch spontan auf der Aachener Straße eine Pizza essen gehen, als mich jemand erkannte.

> Es war der One Night Stand von meinem 20. Geburtstag! Er erzählte mir schockiert, dass er bis heute den Blick meines Vaters nicht vergessen könne. Er hatte ihn also doch gesehen!

Es war mir so unangenehm, aber gleichzeitig fand ich die ganze Geschichte auch zu witzig. Ich bin bis heute dankbar, dass mein Vater mich nie darauf angesprochen hat. Ich hätte einfach nicht gewusst, wie ich reagieren sollte.

Naja, wer weiß, vielleicht kommt es irgendwann mal zur Sprache, aber das Ganze ist ja auch mehr als verjährt.

Redest du mit deinen Eltern über solche privaten Dinge?

Ich muss gestehen, dass ich mit meinen Eltern einfach noch nie über solche intimen Themen geredet habe. Ich hatte aber auch nie das Bedürfnis dazu, weil ich schon früh mit meinen Freundinnen über Intimes gesprochen habe. Ich habe auch noch nie einen Mann meinen Eltern vorgestellt...Sie wissen schon, dass ich date, aber mehr ins Detail gehe ich nicht. Für mich reicht das auch und irgendwann werde ich ihnen auch mal jemanden vorstellen, aber das hat noch Zeit.

> Jede*r hat da auch sein*ihr eigenes Tempo.

Generell hatte ich viele erste Male mit Männern, einfach weil ich bis heute auch noch keinen kennengelernt habe, mit dem es über eine lange Zeit hinweg gut funktioniert hat. Bin ich darüber traurig? Tatsächlich nicht. Ich bin so dankbar für all die Erfahrungen, die ich sammeln konnte, aber habe auch Jahre gebraucht, um eine ganz wichtige Lektion zu lernen: Den Mut zu haben, zu sagen, was ich eigentlich will.

Bei so vielen Dates oder intimen Momenten mit Männern habe ich mir zu sehr Gedanken darüber gemacht, wie mein Gegenüber empfindet und was ich machen kann, damit der Mann sich besser fühlt.

> Dabei habe ich ganz vergessen, auf mich selbst zu achten und zu schauen, wie *ich* mich in Gegenwart dieser Person fühle.

Werde ich geschätzt, ernst genommen oder wirklich geliebt? Heute weiß ich, dass es nicht gesund sein kann, wenn ich mir nur Gedanken über mein Gegenüber mache. Ich muss darauf achten, dass eine Beziehung zwischen mir und einer anderen Person mich bestärkt und mir ein gutes Gefühl gibt.

Melationship – my body, my rules

untitled - Paint
File Edit View Image Colors Help
For Help, click Help Topics on the Help Menu.
Seeking Revival in the Ever
MELATIONSHIP
MELATIONSHIP
MELATIONSHIP
РУБ. 125 МЕТ.
ОБЛИГА
ВЪ СТО ДВАДЦАТЬ
= 408 герм. мар. = 20
Правленіе Общества Юго-Запад

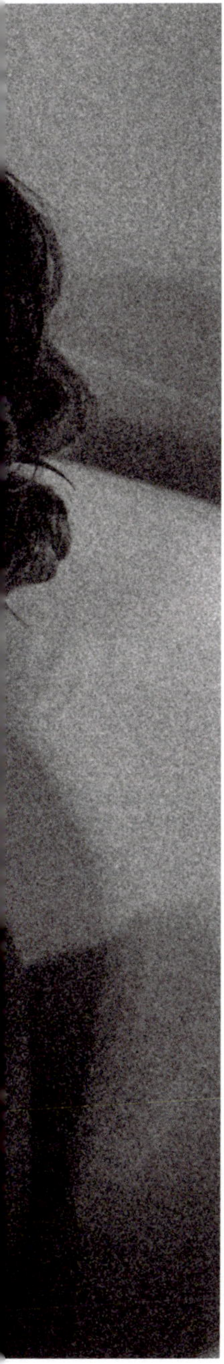

INTRO

Was bedeutet Melationship?

Melationship soll dir die Möglichkeit geben, an der Beziehung zu dir selbst zu arbeiten. Denn wir selbst sind die Person, mit der wir am meisten Zeit verbringen. Und wenn wir mit uns selbst im Reinen sind, kann uns das auch helfen, die Beziehung zu unseren Mitmenschen oder der Umwelt zu verbessern.

> Wichtig zu wissen: Alles kann, nichts muss!

Alle Tipps oder Ratschläge, die du hier bekommen wirst, sollen dir als Inspiration dienen. Fühle dich zu nichts gezwungen. Versuche einfach, das für dich mitzunehmen, was dir ein gutes Gefühl gibt.

Wir möchten an dieser Stelle darauf hinweisen, dass wir niemanden mit einer ggf. unglücklich gewählten Ausdrucksweise diskriminieren oder verletzen möchten.

Mach's dir einfach selbst!

Sich selbst zu befriedigen ist ganz normal. Ich weiß gar nicht genau, wann ich anfing, meinen Körper zu entdecken. Es war auf jeden Fall sehr unbewusst im Teenageralter, dass ich mich mehr mit meiner Vulva befasste und auch merkte, wie angenehm es sein kann, diese zu berühren. Erst später habe ich gelernt, dass man diese Berührungen "Selbstbefriedigung" nennt.

Mittlerweile habe ich mehr Erfahrung gesammelt und mich nicht nur mit meinen Fingern, sondern auch mit einem Druckwellenvibrator und anderen Toys selbst befriedigt.

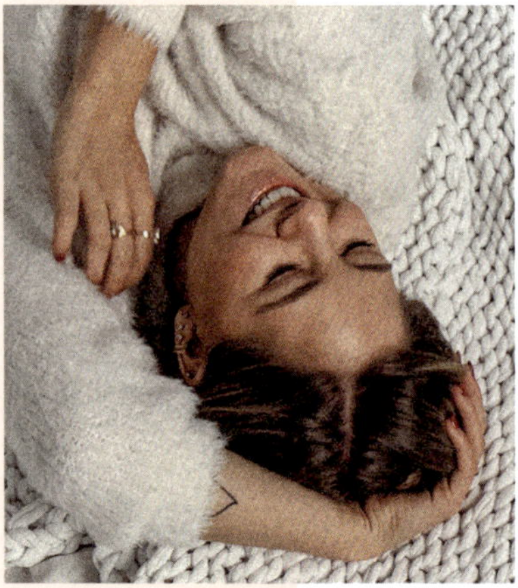

Aus Neugier habe ich mir sogar auf *OMGyes.com* einen Online-Kurs gekauft, bei dem man noch mehr darüber lernen kann. Ich wollte einfach herausfinden, was ich verbessern bzw. Neues ausprobieren kann.
Ein paar Tipps und Tricks, die ich über *OMGyes.com* gelernt habe, möchte ich als kleine Inspiration mit dir teilen:

Hochschaukeln/Edging

Dabei stimulierst du deine Vulva, bis du kurz vor dem Höhepunkt bist, stoppst dann und wiederholst das Ganze mehrmals, bis du den Orgasmus schließlich zulässt.

> Du wirst merken, dass sich dieser Orgasmus stärker und intensiver anfühlt.

Laut *OMGyes* funktioniert diese Technik bei 65,5 Prozent der Frauen.

Sensible Punkte umspielen

> Hast du mal versucht, mit deinem Finger deine Klitoris zu umkreisen und bewusst wahrzunehmen, welche Stellen besonders empfindlich sind?

Das ist bei jeder* von uns unterschiedlich. Manchmal ist zum Beispiel die linke Seite empfindlicher als die rechte.

> Indem du mit dem Finger deine Klitoris oder Vulvalippen berührst, dich dann wieder entfernst und mal wieder näherst, kannst du Vorfreude aufbauen, bevor du konkrete Bewegungen machst, die dich zum Höhepunkt bringen.

Rhythmus zum Höhepunkt

Schonmal ausprobiert, dich zu deinem liebsten Song selbst zu befriedigen? Dabei kannst du ganz frei sein: ob du reibende Bewegungen machst, dich streichelst oder mit dem Finger oder einem Toy eindringst.

> Teste mal, wie es ist, absichtlich eine Pause einzulegen oder wie ein Vibrator gleichmäßig zu pulsieren.

Diese Taktik kann dir helfen, deine Erregung zu steigern.

Don't forget!

> Jeder Mensch ist bei diesem Thema anders. Wichtig ist, dass es sich für dich gut anfühlt.

Hab Mut, Neues auszuprobieren, aber gehe die Sache ganz entspannt an. Achte einfach darauf, wie sich bestimmte Dinge für dich anfühlen. Vielleicht magst du auch mal mit deinen Freund*innen darüber reden.

> So können wir alle dazu beitragen, dass dieses Thema kein Tabu mehr ist und man tauscht sich über die eigenen Erfahrungen aus.

DIE Beziehung deines Lebens

Unser Gehirn ist dazu gemacht, sich zu vernetzen. Auch in unserer Entwicklung sind wir auf andere Menschen angewiesen. Was wir dabei häufig nicht lernen, ist, wie wir die allerwichtigste Beziehung aufbauen und pflegen: die Beziehung zu uns selbst.

> Während manche Bezugspersonen kommen und gehen, bleibt eine Person immer bei dir. Und das bist du. Dein ganzes Leben lang.

Genauso wie du deinen Körper gut behandeln solltest, weil es der einzige ist, den du bekommst, solltest du auch deine Psyche gut pflegen, denn auch davon hast du nur eine. Dazu ist es notwendig, eine gute Bindung zu dir selbst aufzubauen.

Selbstliebe ist nicht nur ein Buzzword, das gerade in den sozialen Netzwerken gut ankommt.

> Sie ist wissenschaftlich bewiesen der beste Weg, um Stress zu regulieren und die inneren Selbstheilungskräfte zu aktivieren.

Du kannst sie auch einfach Selbstfürsorge nennen.

> Durch einen achtsamen Umgang mit dir selbst stärkst du die Verknüpfung zwischen Körper und Geist.

Je besser diese ist, desto leichter fällt es dir mit Widrigkeiten umzugehen. Kurz gesagt: Du stärkst sowohl dein mentales als auch dein körperliches Immunsystem.

Und das muss in unserem Alltag einiges abwehren, z.B. Stress.

> In der Forschung wurde lange zwischen negativem und positivem Stress unterschieden.

Also angenehmem und unangenehmem Stress. Mittlerweile konnte gezeigt werden, dass es für deinen Körper keinen Unterschied macht und der Stress, solange er nicht mit Entspannung reguliert wird, immer anstrengend ist.

Wenn du also Dinge machst, die dir Spaß machen, z.B. deinen Job, der aber auch mit Stress verbunden ist, solltest du lernen, auf dich zu hören; merke, welche Signale dir dein Körper gibt und lerne, dir selbst zu vertrauen.

> So kannst du verstehen, wann auch der ‚positive' Stress mal genug ist und du dir eine Pause gönnen solltest.

Auf diese Weise entwickelst du mehr Selbstvertrauen und mit der Zeit auch Selbstliebe.

How to start: 3 Schritte

#1 Date mit dir selbst

Notiere dir: Was tut dir gut? Was nicht? Welche Menschen, Aktivitäten und Orte geben dir Kraft und Energie? Was nimmt dir Energie?

So bekommst du einen Überblick, was mehr und was weniger Platz in deinem Leben finden sollte.

#2 Den Blick nach innen richten

Der Bodyscan ist ein guter Einstieg in das Thema Achtsamkeit.

Setze oder lege dich bequem hin und schließe die Augen. Scanne deinen Körper gedanklich von oben bis unten. Beobachte, was du wahrnimmst, ohne es zu bewerten und konzentriere dich auf deinen Atem. Spüre die Entspannung.

#3 Die Superressource Dankbarkeit

Zwei Fakten über dein Gehirn: 1. Es will dich beschützen und sieht daher dauernd Gefahren. 2. Es lernt total gerne. Bringe deinem Gehirn also Dankbarkeit bei. Das ist die Superressource für dein Wohlbefinden und inneres Gleichgewicht.

Schreibe dir dazu abends drei Dinge auf, für die du dankbar bist. So lernt dein Gehirn auch das Positive zu sehen und du fühlst dich besser.

Na danke, wollte eigentlich nur tanzen
endlich beenden die unnützen Romanzen,
statt mich in andren zu verlieren,
lernen, mich selbst zu definieren

Jetzt sitz ich hier allein zuhaus,
mach trotzdem nie das Smartphone aus
und warte, dass du online bist
und zugibst, wie du mich vermisst.

Ich lasse andere entscheiden,
indem ich selbst das Risiko vermeide,
weil ich doch unsicher bin,
und wieder mal nicht weiß, wohin.

Aber warum warte ich auf dich,
es geht in meinem Leben doch um mich
und mein Verständnis von Glück allein,
muss von mir selbst geschrieben sein.

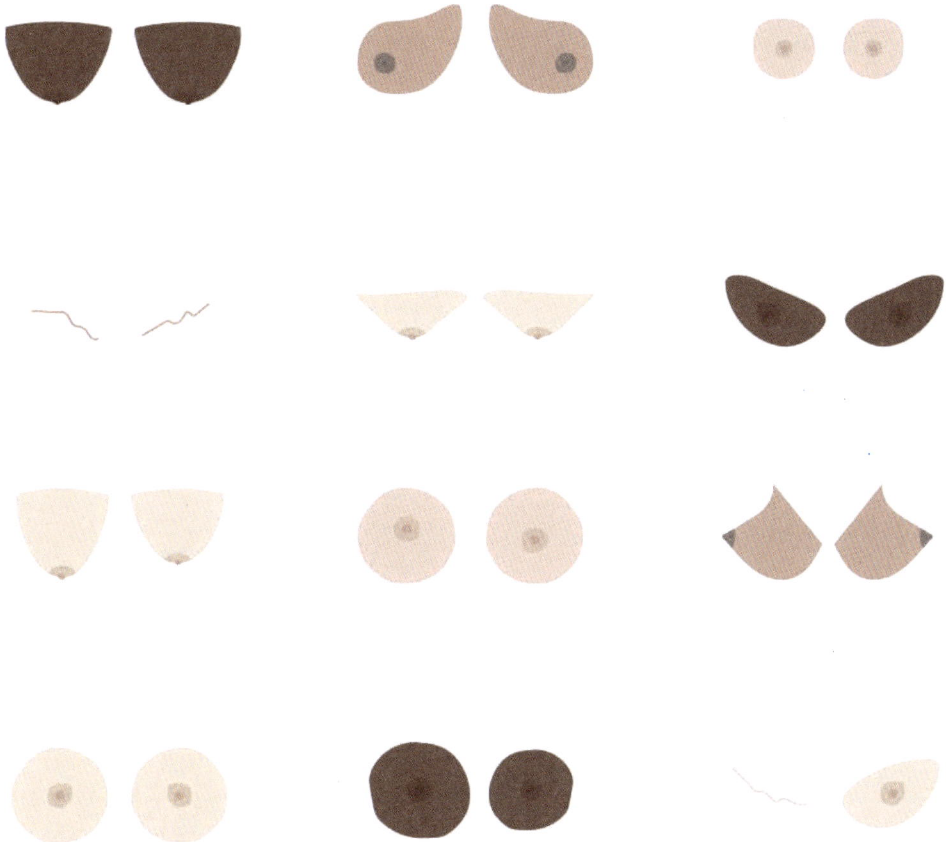

Let's talk about boobs!

Sie sind nicht gerade die größten, aber meine Brüste und ich sind ein gutes Team.

Sie sind leicht, haben für mich eine ganz hübsche Form und wenn ich etwas sehr Enges mit Ausschnitt trage, klappt es auch mit einem sexy Dekolleté.

Ehrlich gesagt, ich weiß noch nicht einmal, welche BH-Größe ich habe: Ich habe es einmal messen lassen und dann wieder vergessen.

Meistens trage ich sowieso keinen BH und wenn, dann Bralettes, weil die einfach bequemer sind.

Ich finde es auch eigentlich sexy, wenn ich auf Dates keinen BH trage: Wenn man sich näherkommt, gibt es weniger zum Ausziehen.

> Kleine Brüste können ein Fluch oder ein Segen sein. Genauso wie große Brüste oder mittelgroße. Am Ende muss man sich damit wohlfühlen.

Ich bin dankbar, dass sie mich beim Sport nicht stören. Ich erinnere mich nur an die Anfangsphase, in der meine Brüste ein Stück wuchsen und sie mir beim Handballtraining manchmal ein wenig wehgetan haben. Heute ist das bei mir zum Glück nur noch selten der Fall. Es ist aber auch ganz normal, wenn deine Brüste während deiner natürlichen hormonellen Schwankung mal spannen.

War ich manchmal unsicher und habe mir größere Brüste gewünscht?

Klaro! Als Teenager und auch heute musste und muss ich mir immer wieder Kommentare über meine kleine Oberweite gefallen lassen und manchmal bestaune ich auch gerne große Brüste von anderen, die sie haben machen lassen oder die von Natur aus eine große Oberweite haben.

Große Brüste sind auch schön, aber ich finde, meine Brüste passen zu mir. Außerdem habe ich für mich gelernt, dass die Größe meiner Brüste nicht meine Persönlichkeit definiert.

> Ich brauche keine großen Brüste, um Männer von mir zu begeistern.

Entweder sie mögen mich, so wie ich bin oder halt nicht. Ich habe auch noch andere körperliche Vorzüge - und für guten Sex braucht man keine großen Brüste.

Kann ich mir eine Brust-OP vorstellen?

Sag' niemals nie! Ich habe keine Ahnung, wie sich meine Brüste entwickeln werden. Wenn ich mich eines Tages unwohl mit meinen Brüsten fühlen würde, würde ich eventuell auch diesen Schritt gehen.

Ich finde nicht, dass man alles an seinem Körper akzeptieren muss. Dennoch ist es wichtig, dass man die Risiken einer Operation bedenkt. Häufig ist das, was wir an uns selbst nicht mögen, das, was andere an uns schätzen. Deine Eigenheiten machen dich besonders und einzigartig.

Ich finde nicht, dass man alles an seinem Körper akzeptieren muss. Dennoch ist es wichtig, dass man die Risiken einer Operation bedenkt. Häufig ist das, was wir an uns selbst nicht mögen, das, was andere an uns schätzen. Deine Eigenheiten machen dich besonders und einzigartig.

Über den Zyklus und über die Vulva

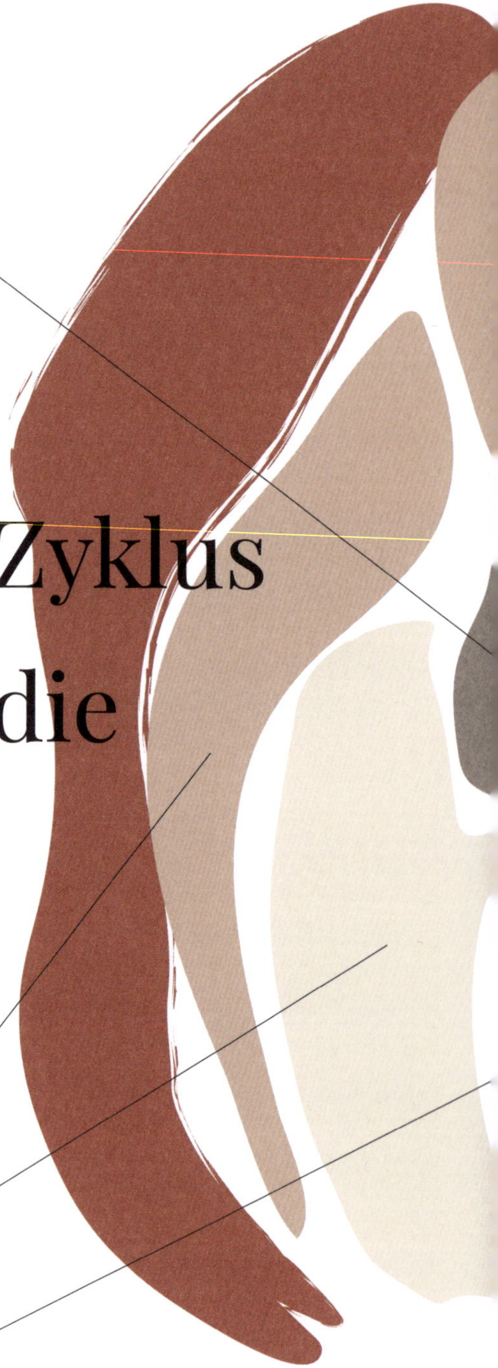

Die besten Tipps bei Regelschmerzen

Neben der bewährten Wärmflasche gibt es noch zahlreiche andere Tipps, die auf natürliche Weise gegen Schmerzen kurz vor und während der Periode helfen können. Menstruationsbeschwerden lassen sich etwa durch eine gesunde Ernährung und den Verzicht auf Alkohol und Nikotin kurz, vor und während der Periode im Zaum halten.

Besonders während der Periode sollte man keine Lebensmittel tierischen Ursprungs zu sich nehmen, da die dort häufig enthaltene Arachidonsäure der Baustein für die Prostaglandine ist. Das sind Hormone, die unter anderem für Schmerzen und Entzündungsprozesse während der Periode verantwortlich sind. Außerdem: Finger weg von Kaffee – der führt dazu, dass sich die Gefäße verengen, was Schmerzen verstärken kann. Stattdessen lieber eine "Golden Milk" aus Pflanzendrink, Kurkuma und Ingwer trinken, die kann nach meiner Erfahrung wahre Wunder bewirken, wenn man sie regelmäßig zu sich nimmt. Auch Tees, die Frauenmantel oder Himbeerblätter enthalten, können schmerzlindernd wirken.

Selbst wenn wir während der Periode oft faul sind: Bewegung hilft!

Das bedeutet nicht unbedingt, ein Power-Workout zu absolvieren, aber langsames Joggen und Yoga können helfen, den Körper zu entspannen und kurbeln die Produktion von Glückshormonen an.

Das gleiche gilt übrigens auch für Sex und Masturbation, denn dadurch wird der ganze Unterleib gelockert und entspannt und die ausgeschütteten Hormone tragen ebenso zum Wohlbefinden bei. Aber natürlich gilt hier wie immer: Wenn du keine Lust auf Sex hast, lass es sein.

Ein paar Tropfen CBD-Öl auf den Tampon zu geben ist außerdem eine wirksame Alternative zu herkömmlichen Schmerzmitteln wie Ibuprofen und Co. und viele Menstruierende berichten, dass sie mit der Menstruationstasse weniger Schmerzen haben.

Kann ich mich bei Regelschmerzen krank melden? Wie kläre ich meine Mitmenschen auf, wenn ich unter meiner Menstruation leide?

Auch wenn es am Anfang vielleicht Überwindung kostet – ein offenes Gespräch mit Kolleg*innen und Vorgesetzten sorgt für mehr Verständnis und Empathie, auch wenn diese Personen nicht unter Schmerzen leiden oder gar keine Periode haben. Denn auch dann haben sie höchstwahrscheinlich Leute in ihrem engeren Umfeld, die auch unter Menstruationsbeschwerden leiden – vielleicht hat die Tochter deiner schmerzfreien Chefin auch Krämpfe oder die Partnerin deines Kollegen kämpft jeden Monat mit Schmerzen?

Bei einem Job im Büro hilft eine "Periodenstation" mit Tee, Tampons und Wärmflasche. Vielleicht ist auch Homeoffice möglich, Corona beweist schließlich, dass es funktioniert.

Aber auch, wenn Homeoffice nicht möglich ist, hilft Transparenz. Eine offene Kommunikation kann dabei helfen, eine Regelung zu finden, die für alle funktioniert. Die Kolleg*innen könnten zum Beispiel in dieser Zeit die anstrengenden Tätigkeiten übernehmen. Wenn all das keine Optionen für dich sind, weil die Schmerzen zu stark sind, bleibt natürlich die Krankmeldung, denn trotz Schmerzen zu arbeiten ist weder gesund noch effektiv. Vielleicht gibt es auch hier die Möglichkeit, in den anderen Phasen des Zyklus etwas mehr zu leisten und diese Überstunden dann an einem oder zwei Tagen während der Periode abzufeiern. Sich jeden Monat krankzumelden, ohne zu erklären, warum, ist aber nicht empfehlenswert. Schließlich ist die Periode ganz normal und nichts, wofür man sich schämen muss.

Wie nutze ich meinen Zyklus für mich?

Der Menstruationszyklus besteht so wie andere in der Natur vorkommenden Zyklen (Mondzyklus, Jahreszeiten, etc.) aus vier Phasen: Menstruation, Follikelphase,

Ovulationsphase und Lutealphase. Jede Phase birgt ein besonderes Potenzial, um das eigene Wohlbefinden zu steigern und Ziele zu erreichen.

> Der Zyklus ist ein Geschenk der Vielfalt, das umso besser wird, je mehr man sich damit auseinandersetzt.

Versteht man die einzelnen Phasen als Jahreszeiten, lernt man, dass jede Phase auf ihre Art und Weise besonders ist und wie sinnvoll eine Anpassung an diese Phasen sein kann.

1. Menstruation

Die Menstruation stellt den inneren Winter dar. Alles regeneriert sich, um Energie für die folgende Zeit zu tanken. Sie ist die Zeit der Inspiration und der Reflexion, aber auch neue Ziele lassen sich in dieser Zeit setzen. Diese Phase wird eher von Emotionen als von Rationalität bestimmt. Viel Ruhe, Lesen, Zeit für die eigenen Bedürfnisse sowie Spaziergänge oder Yoga können jetzt besonders wohltuend sein.

2. Follikelphase

Während der follikulären Phase wächst das Follikel, die Gebärmutterschleimhaut baut sich langsam wieder auf und der Östrogenspiegel steigt, es dreht sich also alles um Wachstum – wie im Frühling! In dieser Phase steigen das Selbstbewusstsein und die Energie. Neue Projekte lassen sich mit viel Elan angehen, da Motivation und Konzentration auf dem Höhepunkt sind. Überschüssige Energie lässt sich gut beim Sport loswerden, am besten gemeinsam mit Freund*innen.

3. Ovulationsphase

Testosteron, Dopamin, Östrogen und Serotonin sind auf dem Höhepunkt! Das macht risikofreudig, sorgt für gute Laune und erhöht die Libido. Die Fruchtbarkeit ist auf dem Zenit und das sieht und fühlt man selbst und alle anderen – die Ovulationsphase macht unwiderstehlich. Es ist die perfekte Zeit für Gehaltsverhandlungen, Bewerbungsgespräche und Vorträge, denn Ideen wirken überzeugender als sonst. Diese Phase ist energiegeladen wie der Sommer und deshalb sollte jetzt auch genug Zeit für Spaß mit Freund*innen, Sex und Sport eingebaut werden.

4. Lutealphase

Der Eisprung ist vorüber und die Gelbkörper in den Eierstöcken produzieren verstärkt Progesteron. Das sorgt für den inneren Herbst: So wie die Bäume ihre Blätter fallen lassen, lassen sich jetzt auch besonders gut alte Gewohnheiten ablegen. Diese Phase sorgt für ein empathisches und emotionales Miteinander. Emotionen lässt man jetzt gut in kreativen Unternehmungen wie Singen, Tanzen oder Malen freien Lauf. Während der Lutealphase lassen sich Projekte besonders leicht beenden und auch Routinearbeiten gehen leichter von der Hand. Das Wichtigste ist aber, sich in dieser Zeit nicht stressen zu lassen.

Text: Elena Weidemann von @einhorn.period | Illustration Vorlage via Pinterest (https://pin.it/3c2g4U1)

Was sind die beliebtesten Periodenprodukte?

Die weiterhin beliebtesten Periodenprodukte sind wohl die herkömmlichen Tampons und Binden. Während beim Tampon die Menstruationsflüssigkeit innerhalb der Vagina aufgefangen wird, saugt die Binde diese außerhalb auf.

Inzwischen gibt es allerdings einige lohnenswerte sowie nachhaltigere Alternativen, wie die Menstruationstasse und Periodenunterwäsche. Interessant ist auch die Methode des Free Bleedings, bei der man sich sehr intensiv mit dem eigenen Körper auseinandersetzen muss.

Die Zahlen beziehen sich auf eine anonyme Umfrage mit 18.761 Antworten auf die Frage: "Welche Periodenprodukte verwendest du?"
Die fehlenden Prozente verteilen sich auf 0,5% mit "Free Bleeding" und ca. 13,8% gemischter Nutzung, sowie keine Menstruation.

0,5%

50%

Periodenpodukte – ein grober Überblick zur Orientierung

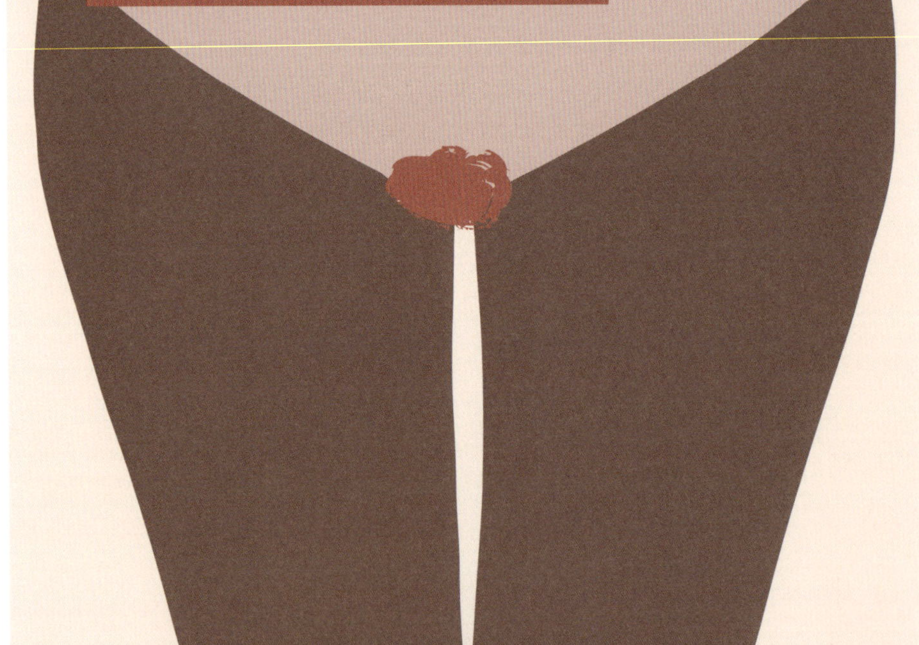

Tampon

Hygieneartikel aus gepresstem Zellstoff (z.B. Baumwolle oder Viskose), der in die Vagina eingeführt wird, um die Regelblutung aufzufangen. Der vollgesaugte Tampon kann mithilfe des befestigten Rückholbändchens wieder entfernt und ausgewechselt werden.

Pro

- Hohe Flexibilität: Wenn der Tampon richtig eingeführt wird, nimmt man ihn beim Tragen kaum wahr und kann weiterhin allen Freizeitaktivitäten nachgehen.
- Hygiene und Sauberkeit: Das Risiko auszulaufen ist bei regelmäßigem Wechseln sehr gering und es entstehen keine unangenehmen Gerüche.

Contra

- Das Einführen benötigt ein wenig Übung, daher kann das Tragen anfangs unbequem sein.
- In seltenen Fällen kann die Krankheit Toxisches Schocksyndrom (TSS)* durch das zu lange Tragen von Tampons begünstigt werden.
- Es entsteht viel Müll.

Bio-Tampon

Die nachhaltigere und gesündere Alternative. Hier wird zur Herstellung Bio-Baumwolle verwendet, die ohne Chemikalien und Pestizide angebaut wurde. Viele Hersteller haben sich außerdem der Nachhaltigkeit verschrieben und verzichten auf Plastikverpackungen.

Softtampon

Diese Tampons bestehen aus einem reinem Naturschwamm oder aus Schaumstoff ohne Rückholbändchen, der in die Vagina eingeführt wird und das Menstruationsblut innen auffängt.

Pro

- Er ist ebenso sicher und komfortabel wie herkömmliche Tampons.
- Er ist durch das fehlende Rückholbändchen komplett unsichtbar.
- Er kann beim Sport, Schwimmen und sogar beim Sex getragen werden.

Contra

- Das Entfernen benötigt Übung und kann unangenehm sein.
- Softtampons sind wie alle Tampons Einwegprodukte.
- Diese Tampons sind vergleichsweise teuer.

Binden

Binden werden in die Unterhose geklebt und fangen das Menstruationsblut außerhalb des Körpers auf.

Pro

- Die Anwendung ist einfach.
- Es gibt ein verhältnismäßig geringeres Risiko, an TSS zu erkranken.

Contra

- Sie müssen öfter gewechselt werden, um unangenehmer Geruchsbildung vorzubeugen.
- Binden können für Einschränkungen im Alltag sorgen, vor allem bei sportlichen Aktivitäten.
- Es entsteht viel Müll.

Stoffbinden

Nachhaltigere, wiederverwendbare Alternative zur herkömmlichen Binde.

Menstruationstasse

Wiederverwendbares Behältnis, meist aus Silikon, das in die Vagina eingeführt wird und dort das Menstruationsblut auffängt.

Pro

- Sicherer, unsichtbarer Schutz: Wenn die Tasse richtig eingeführt wird, merkt man sie beim Tragen kaum und sie hält sogar länger als ein Tampon.
- Sie ist eine umweltfreundliche Alternative, da man sie wieder-verwenden kann (bis zu 10 Jahre).
- Sie kostet vergleichsweise wenig.

Contra

- Das Einführen benötigt etwas Übung.
- Das Ausleeren kann umständlich sein, wenn man unterwegs z.B. öffentliche Toiletten nutzen muss.
- Auch hier kann die Begünstigung des TSS nicht ausgeschlossen werden.

Welches Periodenprodukt passt zu dir?*

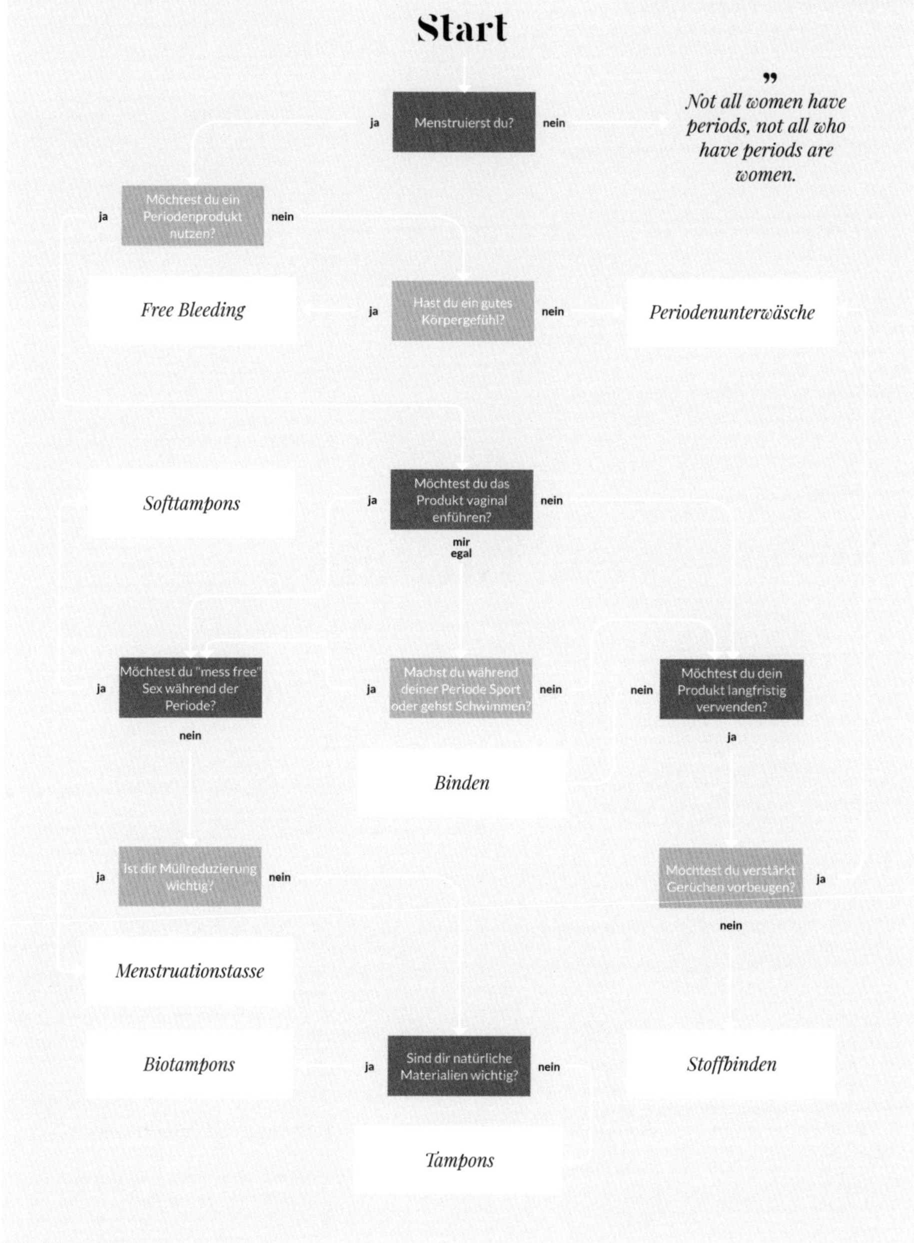

womit du dich am wohlsten fühlst. Manchmal bietet sich ja auch eine Kombination aus verschiedenen Produkten an.

Periodenunterwäsche

Unterhose, bestehend aus mehreren Stoff-Schichten, die ähnlich wie die Binde das Menstruationsblut außerhalb des Körpers auffängt.

Pro

- Müllvermeidung: Periodenunterwäsche wird wie herkömmliche Unterwäsche einfach nach dem Tragen gewaschen und wiederverwendet.
- Eine bakterienhemmende Technologie verhindert unangenehme Geruchsbildung.
- Die Unterwäsche bietet ein angenehmes Tragegefühl.

Contra

- Je nach Menstruationsstärke werden viele Slips benötigt, da diese nach dem Tragen direkt ausgewaschen werden müssen.

Free Bleeding

Weniger ein Periodenprodukt als eine Methode, mit der Periode umzugehen: Man verzichtet gänzlich auf Periodenprodukte wie Tampons & Co. und trainiert sich darin zu erkennen, wann das Menstruationsblut vom Körper abgelassen wird und geht dafür rechtzeitig zur Toilette. Um das Menstruationsblut kontrolliert abzulassen, kann eine trainierte Beckenbodenmuskulatur von Vorteil sein.

Pro

- Free Bleeding fördert und fordert die intensive Auseinandersetzung mit dem eigenen Körper.
- Regelbeschwerden können gelindert werden.
- Du vermeidest jeglichen Müll.

Contra

- Free Bleeding erfordert viel Geduld und Training und ist schwieriger umsetzbar für Frauen* mit sehr starker Blutung oder Erkrankungen wie Endometriose.
- Die Methode ist anfällig für "Unfälle", wenn man z.B. unterwegs ist und nicht die Möglichkeit hat, zur Toilette zu gehen.

Intimpflege – Keep calm when washing your vagina!

In welchem Ausmaß sollte man seinen Intimbereich pflegen? Viele Frauen* gehen das Thema sehr locker an und andere haben eine strukturierte Pflege-Routine. Aber welche Pflege ist ausreichend und hilfreich?

Richtig waschen

Tatsächlich reicht es, den äußeren Intimbereich mit Wasser zu waschen. Man kann aber auch pH-neutrale, unparfümierte Duschgele oder Seifen verwenden.
Den Vaginalbereich kannst du aussparen, weil sich eine gesunde Scheide selbst reinigt. Es ist auch nicht notwendig, dass du diesen Bereich gezielt mit Wasser ausspülst.
Die Gefahr, wenn du deine Vagina mit Seife oder Duschgel reinigst, ist, dass der gesunde pH-Wert aus dem Gleichgewicht gebracht werden kann. Die Folgen: Bakterien können sich leichter einnisten.

Richtig rasieren

Verwende beim Rasieren eine scharfe Klinge, damit sich die Haarwurzeln nicht entzünden. Von Trockenrasur oder Enthaarungsgelen ist auch abzuraten, um eine Hautreizung zu vermeiden. Ich gehe meist in das Kosmetikstudio meines Vertrauens und mache Sugaring. Das ist für mich persönlich die beste Methode und ich bleibe lange haarfrei.
Selbstverständlich musst du deine Vulva nicht enthaaren, da deine natürliche und gepflegte Körperbehaarung auch sehr hygienisch ist.

Richtig anziehen

So trivial es auch klingt, aber zur besten Hygiene gehören auch die einfachsten Dinge wie: täglich die Unterwäsche wechseln und deine Unterwäsche heiß waschen, damit alle Bakterien abgetötet werden. Greife ruhig auf Naturfasern wie Baumwolle zurück, sie sind besonders schonend und luftdurchlässig. So sammeln sich im Intimbereich auch wenige Bakterien an.

46,5%

6,2%

Was sind die beliebtesten Verhütungs-mittel?

Es gibt verschiedene Wege, sich beim Sex vor ungewollten Schwangerschaften sowie sexuell übertragbaren Krankheiten zu schützen. Hierbei ist es vor allem wichtig, die Methode zu finden, die am besten zu den persönlichen Lebensumständen passt. Um die richtige Entscheidung für die optimale Verhütungsmethode zu treffen, sollte man sich Fragen stellen wie: Lebe ich in einer festen monogamen Partnerschaft? Habe ich viele wechselnde Sexualpartner*innen? Kann ich mir sicher sein, dass mein*e Partner*in keine übertragbaren Krankheiten hat? Außerdem ist es wichtig, sich ärztlich beraten zu lassen, um die Vor- und Nachteile der jeweiligen Verhütungsmethoden zu verstehen.

Die Zahlen beziehen sich auf eine anonyme Umfrage mit 19.057 Antworten auf die Frage: "Wie verhütest du?" Die fehlenden Angaben verteilen sich auf 1,5% natürlicher Zyklus und Alternativen wie Stäbchen, Pflaster & Spritze.

Hormonelle Verhütungsmethoden

Anti-Baby-Pille

Die Anti-Baby-Pille ist ein Hormonpräparat, das eine Schwangerschaft vermeidet, indem es dafür sorgt, dass keine Eizelle heranreift und kein Eisprung stattfindet. Außerdem verändert sich durch das Einnehmen der Pille die Gebärmutterschleimhaut, sodass sich dort keine Eizelle einnisten kann. Zusätzlich bildet der Schleim im Gebärmutterhals eine Barriere für die Spermien. Es gibt verschiedene Pillenarten, von denen meist Kombinationspräparate mit niedrig dosiertem Östrogen- und Gestagengehalt verschrieben werden. Sogenannte östrogenfreie Minipillen können eine Option sein, wenn man beispielsweise kein Östrogen verträgt. Bei regelmäßiger und korrekter Anwendung ist die Pille eine sehr zuverlässige Verhütungsmethode, allerdings entscheiden sich inzwischen immer mehr Frauen gegen sie, weil sie sich nicht den möglichen Nebenwirkungen aussetzen wollen. Hierzu zählen u.a. Stimmungsschwankungen, Gewichtszunahme, Haarausfall, Libidoverlust und ein erhöhtes Thromboserisiko.

Hormonspirale

Die Hormonspirale wird, wie auch die Kupferspirale, in die Gebärmutter eingesetzt, wo sie ständig geringe Mengen Gestagen in die Gebärmutter abgibt. Dies sorgt für eine Verdickung des Gebärmutterschleims, sodass Spermien am Aufsteigen in die Gebärmutter gehindert werden. Weiterhin wird das Wachstum der Gebärmutterschleimhaut gehemmt, wodurch sich Eizellen nicht mehr einnisten können. Die Hormonspirale kann bis zu fünf Jahre in der Gebärmutter bleiben, sollte jedoch regelmäßig überprüft werden. Die Nachteile und Nebenwirkungen ähneln denen anderer hormoneller Verhütungsmethoden.

Hormonstäbchen

Das Hormonstäbchen oder -implantat wird unter die Haut gesetzt und setzt dort ein Gestagen frei, das in der Wirkungsweise anderen hormonellen Verhütungsmethoden entspricht. Nach drei Jahren muss das Implantat entfernt oder gewechselt werden.
Die 3-Monats- oder Depot-Spritze enthält eine höhere Dosis Gestagen und verhindert den Eisprung für bis zu zwölf Wochen. Da sie einen drastischeren Eingriff in den Hormonhaushalt darstellt als andere hormonelle Verhütungsmittel, wird sie seltener verschrieben.

Hormonpflaster

Beim Hormonpflaster wirken wie bei der Pille eine Kombination aus Östrogen und Gestagen, die hier aber über die Haut aufgenommen wird. Das Pflaster muss alle sieben Tage durch ein neues ersetzt werden und ist bei richtiger Anwendung mit der Wirkung sowie der Zuverlässigkeit der Pille vergleichbar. Das Thromboserisiko ist hier jedoch höher.

Vaginalring

Der Vaginalring wird in die Vagina eingeführt und setzt dort kontinuierlich Hormone frei, die den Eisprung verhindern. Nach 21 Tagen muss der Ring entfernt und nach einer Pause von weiteren sieben Tagen durch einen neuen ersetzt werden. Wie das Hormonpflaster bietet diese Methode eine sichere Verhütung, die auch bei Erbrechen oder Durchfall wirkt.

Pille danach

Die Pille danach sollte man nicht als regelmäßiges Verhütungsmittel ansehen, sondern nur im Notfall verwenden. Wenn man ungeschützen Geschlechtsverkehr hatte oder beispielsweise das Kondom beim Sex gerissen ist, kann man in der Apotheke rezeptfrei die Pille danach kaufen. Diese kann bis zu 72 Stunden nach dem ungeschützen Verkehr eingenommen werden, wirkt aber sicherer, desto früher man sie einnimmt. Durch die Einnahme kann der Eisprung verschoben oder verhindert werden. Deshalb hängt die Wirksamkeit auch davon ab, zu welcher Zeit während des Zyklus die Pille danach eingenommen wird. Je nachdem kann die Einnahme starke Nebenwirkungen haben, weshalb man auch nicht leichtfertig darauf zurückgreifen sollte. Nicht umsonst nennt man sie auch "Notfall-Pille".

Hormonfreie Verhütungsmethoden

Kondom

Das Kondom ist neben dem Frauenkondom/Lecktuch die einzige Verhütungsmethode, die das Risiko senkt, sexuell übertragbare Krankheiten sowohl weiterzugeben als auch zu bekommen. Es besteht meistens aus Latex und wird kurz vor dem Geschlechtsverkehr über den erigierten Penis gezogen. Bei richtiger Anwendung ist das Kondom eine sichere Methode, um ungewollte Schwangerschaften zu vermeiden. Hierbei sollte man darauf achten, beispielsweise das Material nicht versehentlich mit den Fingernägeln zu beschädigen.

Lecktücher

Lecktücher können beim Cunnilingus oder Anilingus (Oralverkehr) vor sexuell übertragbaren Krankheiten schützen. Es handelt sich um Latextücher, die auf die Vulva oder den Anus gelegt werden und so eine Barriere beim Oralverkehr schaffen, um die Aufnahme von Vaginalflüssigkeiten oder Darminhalt zu vermeiden. Ebenso wie Kondome können Lecktücher nur einmal verwendet werden.

Kupferkette

Bei der Kupferkette sowie der Spirale handelt es sich um hormonfreie Verhütungsmethoden, die in gleicher Weise wirken. Die Kette/Spirale wird von einem*r Arzt*Ärztin in die Gebärmutter eingesetzt und kann dort im Normalfall bis zu fünf Jahre bleiben. Sie sorgt dafür, dass durch das abgegebene Kupfer die Samenzellen in ihrer Beweglichkeit gehemmt werden und sich diese im seltenen Fall einer Befruchtung nicht in der Gebärmutter einnisten kann. Zu den Nachteilen dieser Methode zählen stärkere Menstruationsschmerzen und -blutungen sowie das Risiko einer Unterleibsentzündung.

Natürliche Familienplanung

Die NFP-Methode (natürliche Familienplanung) ist sehr sicher bei richtiger Anwendung. Nur ist die sichere Anwendung relativ komplex. Als Grundlage werden die fruchtbaren und unfruchtbaren Tage im Zyklus bestimmt. Dabei werden täglich verschiedene Werte wie Basaltemperatur, Zervixschleim, Muttermundbeschaffenheit sowie eventuelle Krankheiten u.ä. aufgeschrieben und in eine Kurve eingetragen. Bei dieser Methode muss man sich sehr genau mit dem eigenen Körper auseinandersetzen und sehr bewusst die sexuellen Handlungen anpassen. Während der fruchtbaren Tage muss entweder auf Penetration verzichtet oder zusätzlich mit Kondom verhütet werden. Man kann die Methode auch andersherum nutzen, wenn man geplant schwanger werden möchte. Es gibt Kurse, um die Verhütungsmethode zu erlernen und diese im Anschluss sicher anwenden zu können.

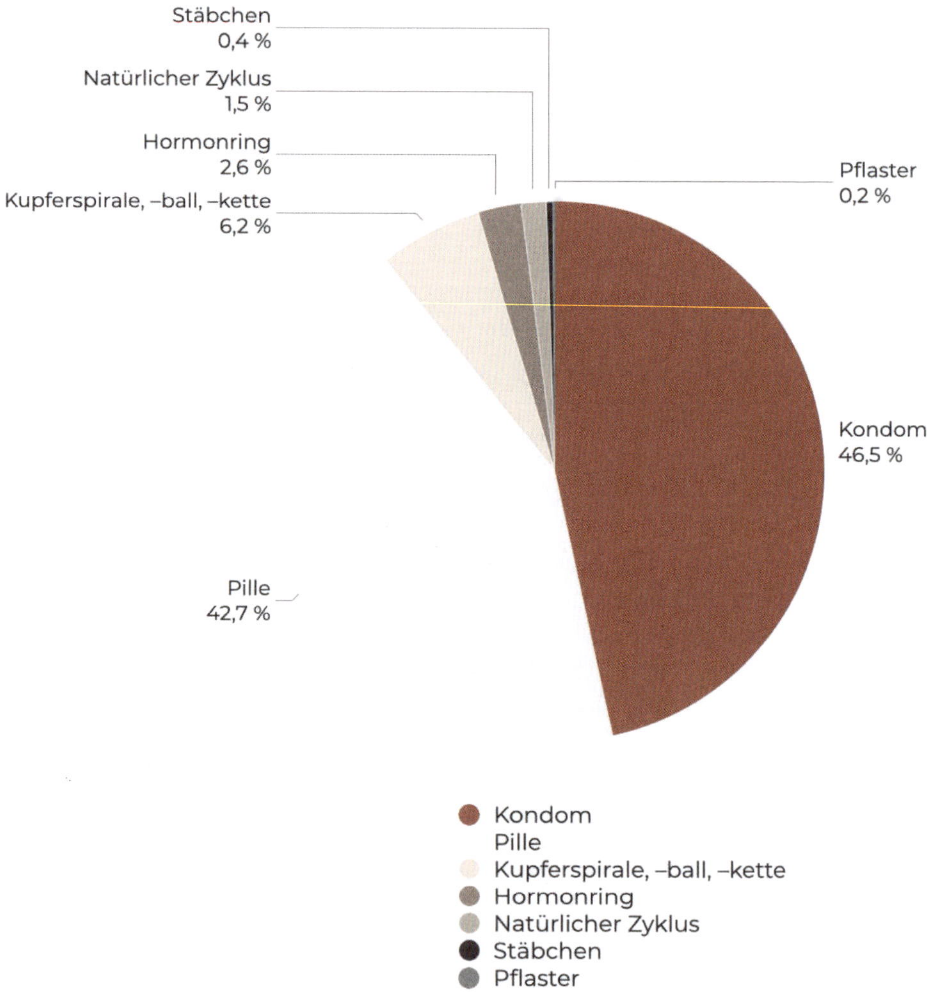
Stäbchen
0,4 %
Natürlicher Zyklus
1,5 %
Hormonring
2,6 %
Kupferspirale, –ball, –kette
6,2 %
Pflaster
0,2 %
Kondom
46,5 %
Pille
42,7 %
Kondom
Pille
Kupferspirale, –ball, –kette
Hormonring
Natürlicher Zyklus
Stäbchen
Pflaster

Wie verhüte ich?

STORYTIME

Ich bin noch gar nicht so erfahren, wenn es um Verhütungsmittel geht. Während die meisten meiner Freundinnen, sobald sie ihre Periode bekamen, auch die Pille einnahmen, sprach ich mit meinen Eltern erst gar nicht darüber und ignorierte das Thema einfach.

Mit 19, als ich nicht mehr zuhause wohnte und dann auch öfter Männer kennenlernte, mit denen ich schlafen wollte, dachte ich, es sei an der Zeit auch die Pille zu nehmen. Ist ja auch irgendwie „cool", wenn ich endlich „erwachsen" bin und dazugehöre.

Ich googelte nach einer Frauenärztin in meiner Nähe und bekam nach einem kurzen Gespräch das Rezept für die Pille. Eine Woche später war ich schon genervt. Ich konnte mich irgendwie nicht an die regelmäßigen Einnahmezeiten halten und weil ich unregelmäßig Sex hatte, erschien es mir auch nicht so wichtig. So habe ich dann schnell die Pille verworfen und verhütete weiterhin mit dem Kondom.

> An dieser Stelle nochmal ein Shoutout an Kondome, weil diese im Gegensatz zur Pille natürlich auch Geschlechtskrankheiten verhindern können und man auf jeden Fall ein Kondom verwenden sollte, wenn man eine Person neu kennenlernt.

Erst als ich einen regelmäßigen Sexpartner hatte, entschied ich mich nochmal dazu, dem Thema hormonelle Verhütung eine Chance zu geben.

Eine Spirale war mir zu aufwendig und kostspielig, weil ich auch nicht wusste, wie lange unsere Romanze anhalten würde (*sehr optimistisch gedacht, Diana*^^). Also probierte ich mich auch aus Neugierde nochmal an hormoneller Verhütung. Ich entschied mich für ein Hormonpflaster, weil das Hormone ausschüttete, ohne dass ich daran denken musste. Drei Monate hielten das Pflaster und ich es miteinander aus und dann war es vorbei. Meine Brüste spannten und mir war manchmal übel, sodass ich brechen musste. Kein Zustand, dem ich dauerhaft ausgesetzt sein wollte...deswegen bin ich aktuell wieder dazu zurückgekehrt, mit dem Kondom zu verhüten, was für mich gut funktioniert, weil ich gerade auch keinen Partner habe. Sobald ich eine langfristige Beziehung eingehe, würde ich mir tatsächlich nochmal Gedanken über die Spirale und dazu die NFP machen, um meinen Körper zusätzlich besser verstehen zu lernen.

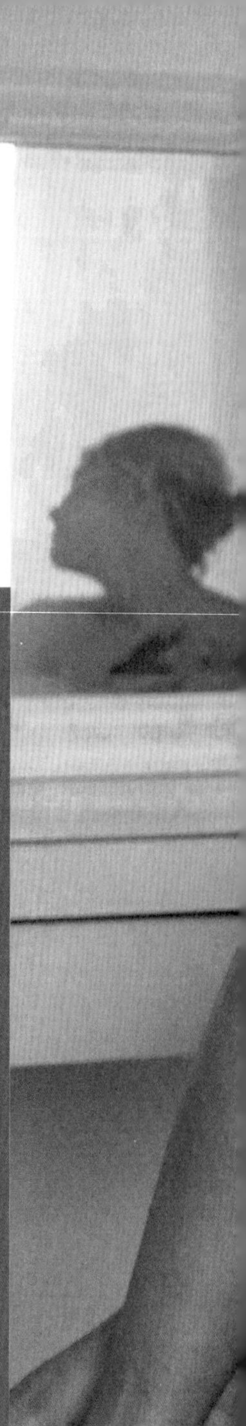

Mein Körper erzählt eine Geschichte,
wer ich bin, war und sein möchte.

Meine Nägel sind meist abgekaut,
wenn sich innerlich Stress aufbaut.
Früh habe ich Sport in meinen Alltag integriert,
der meine Oberschenkel definiert.

Veränderung und Akzeptanz,
wie findet man seine Balance?

Meistens mögen andere an mir,
womit ich mich ungern identifizier'.
Doch unser Körper ist das Gerüst,
was unser Inneres beschützt.
Anstatt nur auf Ästhetik zu achten,
sollten wir die Gesundheit stets bewachen
und unser'm Körper dankbar sein,
weil wir für immer zusammenbleiben.

Distance is our bond

Wie dich die Geburt deines Kindes verändert

INTERVIEW

Wie hast du reagiert, als du von der Schwangerschaft erfahren hast?

Kisu: Es sind mir 1000 Gedanken gleichzeitig durch den Kopf geschossen! Wie wird sich mein Leben nun verändern? Wie würden mein Mann und meine Familie darauf reagieren? Bin ich überhaupt genug vorbereitet? All diese Fragen führten natürlich anfangs zur Verunsicherung, aber nach und nach habe ich gelernt, mir zu vertrauen, sodass ich mich immer mehr darüber freuen konnte!

Wie hat sich dein Leben durch die Geburt verändert?

Kisu: Mein Leben wurde definitiv bereichert! Anfangs war es natürlich eine große Umstellung und ich musste so viel Neues lernen. Mittlerweile ist unsere Kleine über fünf Monate alt und der Großteil hat sich schon eingespielt. Es ist wie vor der Geburt, nur dass ich nun einen weiteren Vollzeitjob habe, den ich über alles liebe!

Wie hat sich dein Körper nach der Geburt verändert?

Kisu: Anfangs war es total komisch, denn ich hatte mich so an meine Kugel gewöhnt und ich habe sie so geliebt. Mit der Geburt war sie auf einen Schlag weg und mein Bauch hatte nur noch eine leere Kugel. Da ich glücklicherweise keine Geburtsverletzung erlitten habe, hat sich an meinem Körper fast nichts geändert. Nach ein paar Wochen sah ich wieder fast so aus wie vor der Geburt, nur dass die Haut sehr weich und nicht mehr so straff ist. Aber das ist vollkommen ok, ich bin sowieso total geflasht, wozu der weibliche Körper in der Lage ist!

Was hast du durch die Schwangerschaft über dich gelernt?

Kisu: Mehr auf mich selbst und auf meine Bedürfnisse zu hören! Während es mir vorher egal war, wenn ich eine Mahlzeit durch Stress und Zeitmangel übersprungen habe, hatte ich nun Verantwortung für ein kleines Lebewesen. Da war an Stress und das Überspringen von Mahlzeiten nicht zu denken!

Frauen*-krankheit

Die Hälfte der Weltbevölkerung besteht aus Frauen*. Jedoch wird in der Medizin meist nur am Mann geforscht, obwohl sich die Geschlechter körperlich voneinander unterscheiden. Wir haben eine Gebärmutter, im Durchschnitt einen höheren Körperfettanteil und weniger Muskelmasse. Der Mensch wird als Mann behandelt und das kann sogar lebensgefährlich sein (mehr dazu findest du zum Beispiel im Buch "Unsichtbare Frauen" von Caroline Criado-Perez).

Daher sind viele Krankheiten, an denen nur oder primär Frauen* leiden, noch nicht so gut erforscht und werden häufig auch erst spät erkannt. Ich habe hier mal ein paar Beispiele herausgesucht.

Diese genannten Krankheiten sind nur exemplarisch und wir erheben keinen Anspruch auf Vollständigkeit. Es gibt in vielen medizinischen Bereichen noch einen großen Nachholbedarf bezüglich der Forschung an Frauen*.

Wir haben eine Gebärmutter, im Durchschnitt einen höheren Körperfettanteil und weniger Muskelmasse. Der Mensch wird als Mann behandelt und das kann sogar lebensgefährlich sein.

Lipödem

Hierbei handelt es sich um eine chronische Fettverteilungsstörung, die meist Frauen* betrifft. Die krankhaften Fettzellen wachsen hierbei schnell an und werden zu groß, was wiederum dazu führt, dass sie auf Blutgefäße und Gewebe drücken und Schwellungen entstehen.

> Neben der ästhetischen Auswirkung sind starke Schmerzen ständiger Begleiter der Betroffenen.

Kompressionsstrumpfhosen und Lymphdrainagen können die Symptome lindern. Eine Operation, bei der die krankhaften Fettzellen entfernt werden, wird bisher nur in sehr seltenen Fällen von der Krankenkasse übernommen, weshalb viele Betroffene sich diese nicht leisten können. Mehr dazu erzählt uns Kati auf S. 48.

Endometriose

Bei dieser Krankheit siedeln sich Gewebestrukturen, die der Gebärmutterschleimhaut ähneln, im Bauchraum oder seltener auch in anderen Teilen des Körpers an.

> Zu den Symptomen gehören u.a. starke Unterleibsschmerzen, die oft mit Regelschmerzen verwechselt werden, verstärkte Blutungen während der Periode, sowie Darmbeschwerden.

Obwohl die auftretenden Schmerzen teilweise nicht auszuhalten sind, werden viele Betroffene nicht ernst genommen und bis zur Diagnose können Jahre vergehen. Anna erzählt uns ihre Erfahrung ab S. 50.

PCOS

Das Polyzystische Ovar Syndrom ist eine Hormonstörung, die ungefähr jede zehnte Frau* betrifft.

> Zu den Symptomen zählen die erhöhte Ausschüttung von Testosteron, verstärktes Wachstum der Körperbehaarung, Haarausfall am Kopf, Akne oder fettige Haut.

Weitere Symptome sind Unregelmäßigkeit oder das Ausbleiben der Periode und des Eisprungs sowie Zystenbildung. PCOS kann diagnostiziert werden, wenn mindestens zwei Symptome vorliegen, jedoch ist die Diagnose schwierig, weil die Symptome auch unabhängig von der Krankheit auftreten können

Brustkrebs

Brustkrebs ist eine der häufigsten Krebserkrankungen bei Frauen*. Der Krebs kann, muss aber nicht erblich bedingt sein. Gerade bei jungen Frauen* wird er oft erst spät diagnostiziert, weil das Risiko, jung an Krebs zu erkranken, geringer eingeschätzt wird. Es gibt inzwischen viele Organisationen und Bewegungen, die sich für eine umfassende Aufklärung über Brustkrebs einsetzen und vor allem die Vorsorge in den Fokus setzen.

> Durch regelmäßiges Abtasten der eigenen Brüste entwickelt man nicht nur ein besseres Verständnis für den Körper und eventuelle Veränderungen, sondern kann eventuelle Anzeichen erkennen und frühzeitig ärztliche Hilfe aufsuchen.

Diagnose Lipödem - Was ist eigentlich ein Lipödem?

INTERVIEW

Ein Lipödem ist eine chronische und schmerzhafte Fettverteilungsstörung. Meist tritt diese Störung an den Oberschenkeln und an den Oberarmen auf. Überwiegend leiden Frauen* an dieser Krankheit. Daher nimmt man an, dass weibliche Hormone die Ursache für diese Erkrankung sind.

Bis ich 23 Jahre alt war, dachte ich immer, ich sei dick. Durch die Diagnose hat sich meine Selbstwahrnehmung total verändert.

Wie hast du erkannt, dass du unter einem Lipödem leidest?

Kati: Durch meine Zuschauer*innen. Mir wurde jahrelang geschrieben, dass ich mich darauf mal testen lassen solle und dass ich mich ärztlich untersuchen lassen solle. Ehrlich gesagt habe ich das immer ein bisschen ignoriert, weil ich es irgendwie frech fand, dass die Leute mich auf sowas Persönliches hinweisen wollten und gefühlt sagten: „Hey, du bist zu dick! Lass dich mal von einem Doktor checken." Das hat sehr an meinem Selbstwertgefühl gekratzt und als ich mich überwunden hatte, das Ganze zu googeln, war ich richtig geschockt, weil die Menschen auf den Bildern aussahen wie ich und die gleichen Probleme beschrieben, die meinen Alltag erschwerten. Dann bin ich zu einer Phlebologin (Venenspezialistin) gegangen, die mir dann bestätigte, dass ich ein Lipödem im Stadium 2 habe.

Wie wird die Krankheit behandelt?

Kati: Das Schwierige an der Behandlung ist, dass die Krankenkassen aktuell die Kosten für die OP nicht tragen. Eine solche kann etwa 4000-6000€ aufwärts kosten. Nachgewiesen sind Operationen aber die einzige Möglichkeit, ein Lipödem zu stoppen oder zu verlangsamen. Denn sobald es einmal ausgebrochen ist, wird es von Jahr zu Jahr schlimmer. Daher sollte man die erste Operation möglichst früh machen. Ich bin so dankbar, dass die Krankheit rechtzeitig erkannt wurde und ich jetzt einige Jahre Frieden damit habe. Wenn es gut läuft, wird das Lipödem auch nicht mehr wiederkommen, aber das kann man nicht garantieren, da es noch nicht so viele Forschungen oder Studien zum Lipödem gibt.

Wie geht es dir jetzt?

Kati: Zwei Operationen habe ich schon hinter mir und eine steht noch an. Ich fühle mich aber schon so viel wohler in meiner Haut. Schon alleine, weil ich weiß, dass mein Aussehen und meine körperlichen Schmerzen durch eine Krankheit verursacht wurden. Acht Jahre lang zweifelte ich an mir und das ist jetzt nicht mehr so. Seit vier Monaten habe ich auch meine Ernährung umgestellt, weil eine OP alleine nicht reicht. Ich habe wieder angefangen zu tanzen und mich mehr zu bewegen. Mein Körper ist noch immer im Heilungsprozess. Es dauert mehrere Monate bis zu einem Jahr, bis alles verheilt ist, aber mir geht es schon so viel besser als vor der Diagnose.

Nicht jede Krankheit ist sichbar – Endometriose

INTERVIEW

Endometriose einfach zu erklären, ist leider nicht so leicht, denn sie ist eine sehr komplexe chronische Erkrankung. Bei der Endometriose lagert sich Gebärmutterschleimhaut (Endometrium) im Unterleib an. Die Krankheit tritt in Form von Zysten und Verwachsungen (sog. Endometrioseherden) auf und kann die Gebärmutter, Eierstöcke, Eileiter, den Darm und die Blase, den gesamten Bauch- und Beckenraum, das Zwerchfell und in seltenen Fällen auch die Lunge befallen. Endometriose kann immer wieder neu wuchern.

Was machst du, wenn du besonders starke Schmerzen hast? Hast du Tipps?

Anna: Da die Endometriose immer sehr individuell verläuft und es auch noch keine Heilungsmöglichkeiten gibt, gibt es leider nichts, was die Schmerzen wegzaubert. Mir persönlich hilft Wärme sehr. Himbeerblätter und Frauenmanteltee, Physiotherapie und Massagen - das Ganze unbedingt regelmäßig. Natürlich bleibt auch das ein oder andere Schmerzmittel mal nicht aus. Viele Frauen nehmen die Pille im Langzeitzyklus und können so die Beschwerden etwas eindämmen. Auch da wird individuell geschaut. Viele Tipps sind in meinem Buch „In der Regel bin ich stark" zu finden, ganz gleich, ob aus der alternativen oder der Schulmedizin.

Wie sehr beeinträchtigt Endometriose eine potentielle Schwangerschaft?

Anna: Man geht davon aus, dass 40-70% der unfruchtbaren Frauen Endometriose haben. Die Endometriose kann dazu führen, dass es länger dauert, schwanger zu werden und man ggf. eine künstliche Befruchtung benötigt. Aber auch das ist sehr individuell, es gibt viele Frauen*, die trotz der Endometriose komplikationsfrei schwanger werden und es gibt eben die, bei denen es nicht klappt oder die einen längeren Weg vor sich haben.

Wie schöpfst du Kraft, wenn es dir körperlich und emotional besonders schlecht geht?

Anna: An einigen Tagen gar nicht, denn manchmal muss ich einfach meine Schwäche zulassen und auch mal weinen. Das gehört für mich mit zu dem Prozess dazu. Mittlerweile bin ich ziemlich gut mit meiner Endometriose namens Frieda befreundet. Es tut unglaublich gut, seinen Körper zu akzeptieren, so wie er ist. Mal besser drauf, mal schlechter. Ich versuche generell nur das zu tun, was mir guttut und Dinge, die mich belasten, von mir abzuwenden. Ganz gleich wie das aussieht. Wenn ich Lust auf ein Glas Wein habe, dann trinke ich es und genieße es. Wenn ich tanzen will, tanze ich. Auch mit Schmerzen, nur dann eben so lange, wie es geht. Außerdem sollte man nicht vergessen, dass wir Betroffenen schon unglaublich stark sind mit alldem, was wir meistern und das heitert mich dann doch auch auf. Ich könnte sicherlich Ewigkeiten weiterschreiben, im Großen und Ganzen sind es vor allem die kleinen Freuden, die mich wieder vorantreiben.

In my mind, in my head

IN MY MIND
IN MY MIND
IN MY MIND
iN My
HEAD

Lerne, die eigenen Makel zu deinen Stärken zu machen

Nobody is a Victoria's Secret Model. Noch nicht mal die Models selbst können auf gesunde Art & Weise einen so niedrigen Körperfettanteil halten. Wir sind nun mal alle unterschiedlich und das ist auch gut so! Jede*r hat seine*ihre eigenen Besonderheiten. Du musst nur lernen, sie zu erkennen.

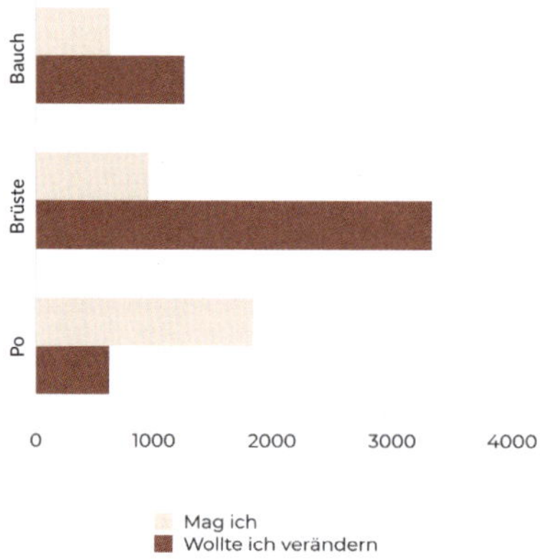

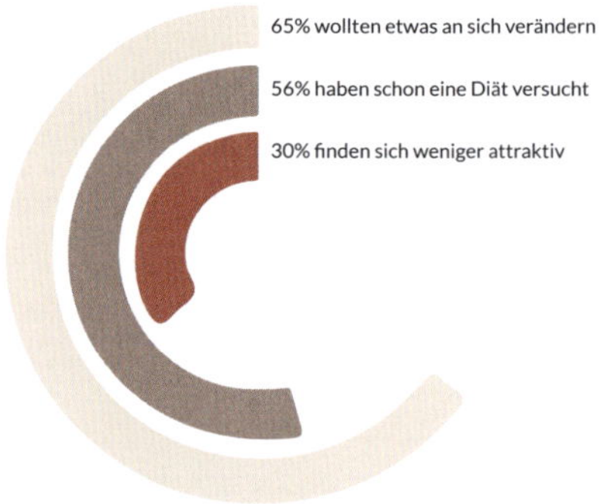

Die beiden Diagramme links zeigen wirklich erschreckende Ergebnisse aus meiner anonymen Umfrage. Sie zeigen auf, wie viele von uns mit Teilen ihres Körpers unzufrieden sind. Alleine die Tatsache, dass sich etwas mehr als jede*r zweite Umfrageteilnehmer*in bereits an einer Diät versucht hat, macht mir bewusst, dass wir uns alle manchmal unwohl in unserem Körper fühlen. Selbstverständlich habe ich auch solche Tage.

Meine Oberschenkel – seitdem ich ein Teenager bin, denke ich, sie seien für mich zu groß und zu muskulös.

> Manchmal werde ich darauf angesprochen und dann ist mir das total unangenehm, weil ich denke, dass mit mir etwas nicht "richtig" sei.

Tatsächlich tue ich mich manchmal noch immer schwer damit, diesen Teil meines Körpers vollständig zu lieben, aber was mir geholfen hat, sind andere Frauen. Andere Frauen, die auch nicht überall skinny sind und trotzdem wunderschön. Manche dieser Frauen kenne ich persönlich und finde besonders ihre Kurven schön. Vor allem, wenn sie offen und selbstbewusst mit ihren Rundungen umgehen.

Trotzdem sollte an dieser Stelle gesagt werden, dass man natürlich unterscheiden sollte, ob dein Körper generell gesund ist und du damit nicht zufrieden bist oder ob dein Äußeres vielleicht durch eine Krankheit bedingt ist, wie es z.B. bei einem Lipödem der Fall ist. Dann sollte man sich unbedingt tiefergehend damit auseinandersetzen und sich damit befassen, wie man seinem Körper bei der Genesung helfen kann.

> Andere Frauen kenne ich nicht persönlich, aber ich bin dankbar, dass es sie gibt.

Dazu gehören etwa Cardi B. oder Doja Cat, die mit ihrem Song "juicy" ein Liebeslied für ihren Körper geschrieben hat.

She keep that booty booty,
she keep that plump (Yeah yeah)
That natural beauty beauty, yeah, yeah
If you could see it from the front,
wait 'til you see it from the back,
....
Hourglass
Coke bottle body, I got that

> Also: Vielleicht sollten wir uns alle ein bisschen mehr von Doja Cat abschneiden und auch für unseren Körper einen coolen Song schreiben, der unsere "Makel" zelebriert.

Vielleicht wird es dann auch zum weltweiten Hit. Man wird ja noch träumen dürfen... *#dreambig*

Ich bin stark!

Soll ich's wirklich wagen
und mir die Wahrheit sagen?
Denn wenn mein Kopf versteht
wer wirklich vor dem Spiegel steht;
Wenn er wahrlich erkennt:
Ihm wurde Einzigartigkeit geschenkt.
Wenn er endlich begreift,
dass ein gesunder Körper in einem gesunden Geiste reift,
dann liegt ganz klar auf der Hand:
Dass die ganze Zeit hier jemand stand,
der sich selbst nicht liebte
und seinen Körper bekriegte,
viel mehr auf andere schaute,
und nicht auf sich selbst vertraute.
Doch nun weiß ich, wer ich bin und wie,
ich bin ich und sie ist sie.

Dein Körper ist dein Zuhause – Fühle dich wohl!

Dem Bauchgefühl vertrauen und Diäten vergessen

Jeden Monat wird eine neue Diät zum Trend. Und jedes Mal verkauft sie sich gut, weil sie meist nicht funktioniert. So war das auch mit dem "intuitiven Essen". Was früher ganz natürlich war, haben wir scheinbar verlernt. Oft merken wir gar nicht, wie viele von uns insgeheim bei jedem Bissen Kalorien zählen oder wie viele gar nicht erst bewusst warnehmen, wie viel, was und wie oft sie essen.

Beim intuitiven Essen geht es darum, zu essen, wenn wir hungrig sind und aufzuhören, wenn wir satt sind. So einfach das klingen mag, so schwierig ist es für viele von uns, das umzusetzen. Wir haben verlernt, auf unser Bauchgefühl und unsere Bedürfnisse zu hören. Wir haben verlernt, zu fühlen, was uns guttut. Gründe dafür finden wir in der ständigen Informationsflut, im Übergebot an Lebensmitteln und in den vielen Reizen, die uns während des Essens ablenken. Deshalb möchte ich dir ein paar Tipps mitgeben, die dir helfen können, dich in deinem Körper wieder wohlzufühlen, deinem Bauchgefühl zuzuhören und die Verbindung zu dir selbst zu stärken.

Was wir zu uns nehmen und wie wir essen, beeinflusst unseren Körper und auch unseren Geist. Jeder Aspekt in unserem Leben wird von dem beeinflusst, was wir über die Nahrung aufnehmen.

> Täglich treffen wir weit über 200 Entscheidungen im Zusammenhang mit Lebensmitteln; die meisten davon unbewusst.

Es ist Zeit, das zu ändern, Entscheidungen bewusst zu treffen und negative Gefühle abzuwehren.

Iss achtsam

Einfach nur zu essen klingt so einfach – doch tun wir das auch wirklich? Oft führen wir die Gabel oder den Löffel automatisch zum Mund und essen so unachtsam, dass der Teller bereits leer ist, ohne dass wir uns richtig satt fühlen. Viel zu oft schauen wir nebenher auf einen Screen oder lassen uns von anderen Dingen ablenken.

> Versuche beim nächsten Mal, bewusst wahrzunehmen, was du isst, wie es schmeckt und ob es das ist, was du eigentlich essen möchtest. Sei ganz im Moment und lasse dich nicht ablenken.

Iss langsam

> Nimm dir Zeit und höre auf zu "schlingen".

Gehörst zu den Menschen, deren Teller oft als erstes leer ist, dann nimm dir die Lange-Kauen-Regel (30mal) vor – dein Leitfaden für ein langsames Essen. Natürlich geht es nicht darum, ständig jeden Bissen zu zählen, das ist ebenso ungesund wie ständiges Kalorienzählen. Jedoch kannst du mit dieser "Kauregel" ein Gefühl entwicklen, wie oft du ca. kauen solltest. Durch das Kauen werden Botenstoffe freigesetzt, die deinem Gehirn mitteilen, wie hungrig du wirklich bist.

> Schnelles Essen führt oft zu einem Blähbauch und Bauchschmerzen.

Das liegt daran, dass wir beim schnellen Essen mehr Luft schlucken. Essen wir hingegen langsamer, sind wir länger satt und unterstützen unsere Verdauung.

> Gönn' dir Ruhe und nimm dir genügend Zeit für deine Mahlzeiten.

Iss aus Hunger

Wann hast du das letzte Mal so richtig Hunger gehabt? Als du das letzte Mal gegessen hast, warum hast du gegessen?

> Oft essen wir aus Gewohnheit und achten nicht wirklich auf unser Bauchgefühl.

Wir sind an unsere Zeiten gewöhnt und wachsen etwa so auf: Bevor wir das Haus verlassen, gibt es Frühstück, zur Mittagspause Lunch und abends Abendessen, zwischendurch Pausensnacks. Durch diesen Autopilotmodus kommt unser wirkliches Hungergefühl oft zu kurz.

Wenn du das nächste Mal isst, achte darauf, dass du auf deine inneren Bedürfnisse hörst und lasse dich nicht von äußeren Reizen ablenken. Spüre in dich hinein, ob du wirklich Hunger hast oder es vielleicht ein anderes unbefriedigtes Bedürfnis ist, das du gerne stillen würdest.

Oft wird Hunger auch mit Durst verwechselt. Es kann dir helfen, erst einmal etwas zu trinken.

Iss richtig

Iss, was gut für dich ist, iss was dich gesund hält, fit und glücklich macht.

Je mehr verarbeitete Lebensmittel wir hingegen essen, desto verwirrter werden unserer Körper und unser Geist. Die Folge: Unser Sättigungsgefühl tritt zu spät bis gar nicht ein, unser Bauchgefühl verschwindet und wir wissen nicht mehr, was wirklich gut für uns ist.

> Je weniger verarbeitet, desto gesünder; je pflanzlicher, desto fitter und je ausgeglichener, desto glücklicher, lautet meine Devise.

> Wenn du dich gesund, ausgeglichen und energiegeladen fühlen möchtest, solltest du dich nährstoffreich ernähren.

Je näher an der Natur, desto mehr Nährstoffe für dich und deinen Körper:

Gemüse, Obst, Hülsenfrüchte, Samen und Nüsse liefern dir die Makro- und Mikronährstoffe, die du brauchst. Ernährst du dich größtenteils pflanzlich, wirst du bestimmt schnell merken, wie sich dein Geschmack verändert, deine Wahrnehmung und die Beziehung zu dir selbst.

Herkömmliche Snacks nimmst du womöglich als viel zu süß wahr und greifst lieber zu gesünderen Alternativen.

Ein paar meiner Lieblingssnacks:

- Banane mit Erdnussmus oder Mandelmus (im Sommer gefrorene Banane)
- Kichererbsenwaffeln mit Hummus oder Banane und Zimt
- Tempehwürfel
- Pflanzlicher Joghurt mit Amaranthpops
- Getrocknete Aprikosen mit Nüssen

Meditation für Anfänger*innen

Das Meditieren ist nicht ohne Grund in den letzten Jahren zum Hype geworden. Mir bringt es körperlich und vor allem geistig so viel, dass es mittlerweile zu meinem täglichen Ritual gehört. Aber auch das Meditieren muss gelernt sein und bedarf einiges an Übung. Ich erkläre dir in diesem Beitrag, warum ich das Meditieren so liebe und warum auch du am besten schon heute damit anfangen solltest.

> Beim Meditieren lernt man, mit seinen Gedanken und Gefühlen besser umzugehen.

Das zeigt sich natürlich auch im Alltag und kann dir helfen, schwierige und emotionale Situationen besser zu bewältigen. Nach einer Meditation fällt es mir zum Beispiel immer viel leichter, Dinge loszulassen und vermeintlich negative Situationen positiv zu sehen.

Aber wie fängt man am besten damit an? Heutzutage gibt es viele tolle Apps und YouTube-Videos, die geführte Meditationen anbieten. Aber auch ohne elektronische Geräte schaffst du das ganz leicht!

> Du kannst natürlich zu jeder Tages- und Nachtzeit meditieren.

Ich persönlich bevorzuge es aber direkt nach dem Aufstehen oder direkt vor dem Schlafengehen.

> Suche dir einen Platz, an dem du dich wohlfühlst. Es gibt mehrere Sitzpositionen, die du beim Meditieren einnehmen kannst. Ich bevorzuge den Lotussitz oder auch den Schneidersitz. Schließe deine Augen und konzentriere dich auf deinen Atem.

Ziel beim Meditieren ist es, seine Gedanken einfach fließen zu lassen. Beim Meditieren muss man seine Gedanken erkennen und sie dann bewusst loslassen. Ich liebe das Bild der Wolke. Stelle dir eine Wolke vor, die über dir herfliegt und dann wieder verschwindet, bis die nächste Wolke kommt. Denn genauso lernst du, mit deinen Gedanken besser zu arbeiten und sie nach und nach loszulassen. Du wirst merken, dass sich deine Stimmung auf lange Sicht positiv verändern wird. Ich selbst meditiere regelmäßig seit ungefähr zwei Jahren, und ich möchte es in meiner täglichen Routine nicht mehr missen.

WISSENSCHAFTLICH NACHGEWIESENE VORTEILE:

Meditation reduziert Stress, fördert deinen Schlaf, kann Kreativität und Fokus steigern, dein Immunsystem stärken und sogar bei Depressionen und Angststörungen helfen.

Meine Stimme

STORYTIME

...Früher waren meine Kommentare auf Youtube voller Kritik an meiner Stimme: Sie würde sich gekünstelt, girly oder zu süß anhören.

Tatsächlich habe ich mir durch Youtube eine Art zu sprechen angewöhnt, die sich zunächst gut für mich angefühlt hat und zu meiner eigenen Komfortzone wurde. Erst durch mein regelmäßiges Stimmtraining habe ich wieder mehr zu meiner natürlichen Stimme gefunden und den Mut bekommen, meine echte Stimme klingen zu lassen, was gar nicht so einfach ist.

Ich übe noch immer, aber es wird täglich besser. Mehr dazu, wie du deine wahre Stimme und den richtigen Klang findest, wird dir Anna im nächsten Text erklären.

- DEINE STIMME HÖRT SICH AN ALS HÄTTEST DU DAUERSCHNUPFEN
- ICH HOFFE, DASS DU IRGENDWANN MAL SO SPRICHST WIE DU WIRKLICH SPRICHST! DANN WERDE ICH MIT SICHERHEIT DEINE VIDEOS ÖFTER SCHAUEN.

STIMME

Find your Voice

Deine Stimme ist einzigartig – niemand auf der Welt hat denselben Stimmklang wie du. Die Stimme ist also ein wesentlicher Teil deiner Identität. Und nicht nur das: Sie ist so etwas wie die auditive Visitenkarte deiner selbst. Du nutzt sie als Mittel zur Kommunikation, um mit anderen Menschen mündlich in Kontakt zu treten. Damit du dich in einer Kommunikationssituation wohlfühlen kannst und authentisch auf dein Gegenüber wirkst, brauchst du einen guten Kontakt zu deiner natürlichen Stimme. Viele Menschen nutzen beim Sprechen nicht ihre natürliche Stimme, sondern manipulieren diese unbewusst mit diversen Hilfsspannungen im Körper. So bekommt die Stimme etwa einen piepsigen, nasalen oder dröhnenden Klang. Ursachen für diese unbewusste Verstellung der Stimme sind sehr vielfältig. Persönliche Unsicherheiten und Erfahrungen können ebenso dazu beitragen wie Geschlechterrollen in der Gesellschaft.

Die Stimme ist ein wesentlicher Faktor, deinem Ich näherzukommen und bei dir zu bleiben. Mit deiner natürlichen Stimme wirst du dich wohler fühlen und erfolgreicher kommunizieren können – und deine Stimme bleibt gesund!

Wie finde ich meine natürliche Stimme?

#1 Körperwahrnehmung

Damit du die Hilfsspannungen, die deine natürliche Stimme an ihrer Entfaltung hindern, lösen kannst, musst du sie erst entdecken.

Dazu können dir verschiedene Übungen zur Wahrnehmung deines Körpers helfen.

Lege dich auf den Rücken und spanne so viele Muskeln deines Körpers gleichzeitig an, wie du kannst. Was macht das mit deinem Körper?

Lass dann wieder los und spüre, wie sich dein Körper jetzt anfühlt.

Diese Übung kannst du auch mit einzelnen Körperteilen durchführen.

Konzentriere dich auf einzelne Körperteile, indem du diese berührst. Du kannst dir etwa kurz auf die Nase tippen und dem Gefühl nachspüren.

Diese Übung kannst du auch leicht in ein sportliches Workout integrieren: Wie fühlt sich deine Wadenmuskulatur beim Joggen an? Was macht dein Kiefer, wenn du mit Hanteln trainierst?

#2 Atmung

Sprechen ist nichts anderes als ausatmen auf Ton. Um deine natürliche Stimme zu finden, brauchst du also auch einen natürlichen Atem. Der menschliche Hauptatemmuskel ist das Zwerchfell. Wenn du es benutzt, hebt und senkt sich deine Bauchdecke beim Ein- und Ausatmen.

Auf dem Rücken liegend kannst du deine Zwerchfellatmung besonders gut spüren und trainieren. Da die Zwerchfellatmung die energie-ärmste Atmung ist, verwenden sie alle Menschen im Schlaf. Wenn du liegst, reguliert sich dein Atem also meist ganz von alleine. Spüre, wie sich dein Atem im Liegen anfühlt und versuche, dieses Gefühl auch im Sitzen und Stehen herzustellen.

#3 Stimme

Gib deiner natürlichen Stimme Raum, indem du sie durch natürliche Geräusche wie Seufzen oder Stöhnen entdeckst. Wichtig ist, dass dein Hals sich dabei immer vollkommen entspannt anfühlt. Versuche, dieses entspannte Gefühl auch beim Sprechen zu fühlen. Nutze deine Zwerchfellatmung bewusst, wenn dir das schwerfällt. Wenn du deine Stimme gerne noch näher kennenlernen möchtest, schaue dich in deiner Umgebung nach Vocalcoaches um. Diese können dir beim Entdecken deiner natürlichen Stimme helfen.

Sei dein eigener Cheerleader und nicht dein eigener Kritiker

OFTMALS SIND WIR SO VIEL HÄRTER ZU UNS SELBST ALS ZU ANDEREN.

Ich würde sagen, dass ich auch schon immer sehr gut darin war, hart mit mir ins Gericht zu gehen. Nicht schlank genug, groß genug oder selbstbewusst genug. So oft hielt ich mir vor Augen, an was es mir fehlt und selbst heute tapse ich noch in diese Falle, dass ich mich schlechter darstelle, als es eigentlich notwendig ist.

Ein Ereignis, an das ich mich erinnere, fand im Dezember letzen Jahres statt. Ich war hungrig und durstig am Berliner Hauptbahnhof und wartete darauf, meinen Zug nach Köln zu nehmen. Ich kaufte mir schnell eine Brezel und einen Cappuccino mit Kokosmilch. Natürlich war der Cappuccino nicht in einem wiederverwendbaren Becher. In dem Moment war es mir aber einfach egal. Am Gleis traf ich den bekannten Podcaster Matze Hilscher, der auch ein To- Go-Getränk in der Hand hielt, aber in einem Recup, also einem wiederverwendbaren Kaffeebecher.

> Als er mich grüßte, war das erste, was ich entgegenete, dass ich leider nicht so einen nachhaltigen Kaffeebecher habe wie er.

Direkt danach fragte ich mich, warum ich das überhaupt erwähnen musste und mich so selbst in ein schlechtes Licht rückte. Wahrscheinlich war es Matze auch ganz egal, ob mein Becher wiederverwendbar war oder nicht, weil er sich einfach mit mir unterhalten wollte.

Doch aus meiner Unsicherheit heraus, nicht „nachhaltig genug" zu sein, gestand ich ihm direkt meinen Fauxpas.

Obwohl in diesem Fall mein Becher nicht

> Die Frage, die man sich selbst stellen sollte, darf nicht sein: "Bin ich genug?", sondern: "Was habe ich schon erreicht?" Das muss man sich nur immer vor Augen führen.

nachhaltig war, habe ich bewusst ein nachhaltiges Verkehrsmittel, den Zug, genommen. Monate davor habe ich das viel zu selten gemacht habe, um von Berlin nach Köln zu kommen.

Auch in Beziehungen konzentrierte ich mich häufig mehr auf die andere Person als auf mich selbst. In den ersten Monaten des Jahres 2020 lernte ich jemanden kennen, für den ich mich bereit fühlte, eine Beziehung einzugehen. Ich dachte, wir seien ein tolles Team, bis er mir sagte, dass er parallel zu mir eine andere Frau treffe, der er gerne eine Chance geben würde. Mein Magen presste sich zusammen und das erste, was ich dachte, war:„Ich bin einfach nicht gut genug für diese Person." Ich konnte es einfach nicht verstehen, dass ich gegen eine andere Frau „verloren" habe, von der ich vorher noch nicht einmal gewusst hatte. Weil er wusste, wie schlecht ich mich fühlte, gab er mir einen Satz mit auf den Weg, der mich mittlerweile wieder bestärkt.

> Er sagte, seine Entscheidung hänge viel weniger von mir ab, als von ihm selbst.

Wir Menschen beziehen oftmals alles, was um uns herum passiert, auf uns. Kinder beziehen etwa die Scheidung ihrer Eltern auf sich, wir nehmen es persönlich, wenn sich jemand unfreundlich verhält oder eine Verabredung absagt. Manchmal hilft es, zu akzeptieren, dass wir so sind, wie wir sind und dass wir auch nicht immer Entscheidungen von anderen Individuen beeinflussen können.

Jede*r kann entscheiden, ob er*sie sich Ziele setzen will. Manchmal ist man auch an einem Punkt, an dem man gar nicht genau weiß, was man möchte, aber es lohnt sich, den Mut zu haben, seine Ziele zu definieren und sich für diese einzusetzen.

Brauche ich Ziele im Leben?

STORYTIME

Wir haben heute so viele Möglichkeiten wie noch nie und ganz ehrlich, das macht es nicht wirklich leichter, wenn man Entscheidungen treffen muss oder in die Zukunft schauen will.

> Jeder Mensch hat sein Leben selbst in der Hand und jede*r geht damit auch auf unterschiedlichste Weise um.

Manche Freundinnen von mir leben einfach im Hier und Jetzt, sind zufrieden, wie es gerade ist und lassen einfach auf sich zukommen, wie es sein wird. Andere meiner Freundinnen wissen schon ganz genau, was sie in fünf Jahren erreicht haben wollen und was sie jetzt dafür tun müssen, um dort hinzukommen.

Mir persönlich hilft es, Ziele zu haben, wie zum Beispiel dieses Buch zu schreiben oder mich für die Europa-Wahlen einzusetzen.

> Aber bis vor zwei Jahren hatte ich ein wenig Angst davor, mir konkrete Ziele zu setzen, weil ich unsicher war, ob ich diese je erreichen würde.

Tatsächlich habe ich 2018 einen Menschen kennengelernt, der es geschafft hat, mich zu bestärken, meine Ziele zu definieren, sie nach außen zu kommunizieren und den Plan zu entwickeln, wie ich sie erreichen würde.

Ich glaube auch, dass ich mich ohne seine Worte im letzten Jahr nie so stark politisch engagiert hätte.

> Manchmal braucht man einfach Menschen, die an einen glauben und einen motivieren.

Seitdem denke ich viel in Etappen und in Projekten, die aktuell zu mir und meinem Leben passen und diesem einen Sinn, eine Struktur geben. Diese klar definierten Ziele helfen mir, morgens voller Tatendrang aufzustehen, meinen Alltag zu planen und geben mir die Chance, als Mensch zu wachsen.

Jede*r kann entscheiden, ob er*sie sich Ziele setzen will. Manchmal ist man auch an einem Punkt, an dem man gar nicht genau weiß, was man möchte, aber es lohnt sich, den Mut zu haben, seine Ziele zu definieren und für diese einzustehen.

Puuuuh, so much to do.

All you need is love and a good routine!

„Puuuuh, ich hab echt noch einiges zu tun." - Wer kennt das nicht? Heute ist es fast schon en vogue, busy zu sein. Da ich aber noch nie eine Freundin von Trends war, möchte ich heute ein paar Tipps geben, wie man seinem Leben mehr Struktur geben kann, um eben nicht immer busy zu sein.

Es gibt unendlich viele Methoden und Ansätze, sich in seinem Alltag zu organisieren.
Vor längerer Zeit habe ich mal „Thinking, Fast and Slow" von Daniel Kahnemann gelesen und gelernt, dass – ähnlich wie unsere Emotionen in bewusst und unterbewusst – auch unser Denken in zwei Systeme gliederbar ist: Das erste System ist das intuitive und schnell denkende System, das zweite ist recht langsam und für bewusste Operationen wie z.B. Mathematikaufgaben zuständig. Alles, was wir konzentriert tun, beansprucht unser zweites System. Es braucht deutlich länger und benötigt entsprechend viel mehr Energie. Daher hilft besonders eine Routine, Handlungen

effizienter zu gestalten, da wir sie so an das System 1 abgeben. Folglich ist mein erster und wichtigster Tipp: Finde eine Methode, die für dich am besten funktioniert.

Das Geheimnis der Organisation liegt in der Routine!

Nicht nur für heute, eine Woche oder einen Monat. Du solltest möglichst langfristig mit der gewählten Methode arbeiten, sodass du eine Routine entwickelst.

Um eine Routine zu starten, empfehle ich, einen Wochenplan zu erstellen - ähnlich wie in der Schule. So kommt es auch weniger zu Ausreden wie: „Dafür habe ich gerade gar keine Zeit".

> Trage zunächst die Wochentage ein und die Uhrzeiten (ich arbeite gerne mit ganzen Stunden, aber wenn es für dich besser passt, kannst du auch mit halben oder auch Doppelstunden arbeiten). Trage dann zunächst deine festen Termine ein, wie z.B. Uni, Arbeit, Sprach- & Sportkurse, usw. Durch die klare Zuweisung setzt du für jedes Zeitfenster einen Fokus auf die entsprechende Aktivität. Sammle als nächstes alle allgemeinen Aufgaben, die du wöchentlich oder zweiwöchentlich erledigen musst, wie einkaufen, kochen, waschen etc. Schreibe diese zunächst auf Sticky Notes oder Washi Tape, dann kannst du sie gegebenenfalls noch ändern. Weise die Aufgaben den freien Blöcken zu. Im nächsten Step machst du das gleiche mit deinen Hobbys und Me-Time. Suche dir darüber hinaus mind. einen Block und Termin in deiner Wochenplanung den du „Break the Routine" nennst.

Der „Break the Routine"-Block soll frei bleiben und jede Woche anders aussehen. Hier kannst du lesen, feiern gehen, spontan einen Spieleabend veranstalten, deine Omi besuchen oder einfach nur zu Hause sitzen und nichts tun. So nimmst du dir den Druck und die Angst, für nichts mehr Zeit zu haben.
Betrachte den entstandenen Stundenplan als Prototypen. Teste ihn ein bis zwei Wochen lang und und verbessere ihn gegebenenfalls. Ist es klüger, direkt nach der Arbeit noch einen Zwischenstopp im Supermarkt zu machen oder brauchst du erst eine Pause, um runterzukommen und gehst lieber später in Ruhe einkaufen? Es ist am Ende dein Plan und er muss natürlich zu deinen Bedürfnissen passen.

Damit du auch jeden Tag erfolgreich meisterst, kannst du dich fragen: Was sind meine wichtigsten Aufgaben? Ich finde, dafür sind klassische To-Do-Listen gut geeignet. Dieses Gefühl, etwas von ihr streichen zu können, gibt mir immer erst richtig das Bewusstsein, eine Aufgabe geschafft zu haben. Um den Fokus nicht zu verlieren, trage ich immer die drei wichtigsten Aufgaben in mein Journal ein. Diese sortiere ich nach Beliebtheit: „Auf welche Aufgabe freue ich mich am meisten?" Diese mache ich als drittes, um mich für die anderen beiden zu belohnen.

> Meine wichtigsten Maßstäbe sind Relevanz und Spaß!

Die restlichen To-Dos beachte ich erst, wenn ich die Top 3 abgearbeitet habe, um mit einem klaren Kopf weiterzumachen. Hier mache ich es dann wie vorher: Ich suche nach den nächsten drei wichtigen und sortiere dann nach Beliebtheit. Das mache ich so lange, bis ich alles abgearbeitet habe, was ich mir für den Tag vorgenommen habe.

Wenn du mal einen Tag hast, an dem erst deine Bahn zu spät kommt, du deshalb die Anschlussbahn verpasst, dann auch noch der Supermarkt geschlossen hat, weil er seit heute renoviert und du das Gefühl hast, dein ganzer Plan bricht zusammen: Nimm es mit Humor. Niemand kann alles planen und das ist auch vollkommen gut so. Denn wo wäre sonst noch Platz für die kleinen Überraschungen im Alltag?

Long story short

#1: Finde eine Routine, um Aufgaben mit Leichtigkeit zu bewältigen!

#2: Erstelle dir einen Wochenplan. So kannst du dir deine Aufgaben vor Augen führen.

#3: Setze deinen Fokus auf eine Aktivität.

#4: Brich deine Routine für weniger Druck im Alltag.

#5: Evaluiere deinen Alltag und überlege, was du effizienter gestalten kannst.

#6: Sortiere deine To-Dos nach Priorität und belohne dich mit deiner liebsten Aufgabe.

#7: Es geht alles mal drunter und drüber? Nimm's mit Humor!

WERBUNG

Brain-food

An dieser Stelle möchte ich dir Bücher von wirklich großartigen Frauen vorstellen.

Viele von euch wissen, wie gerne ich lese und wie hoch ich den Wert eines guten Buches schätze. Mehr Lesetipps findet ihr auf Instagram in meinen Highlights oder wenn ihr das Hashtag #Löwenlektüre sucht. Ich freue mich natürlich auch immer, wenn ihr eure Bücher darunter teilt!

Untenrum frei
Margarete Stokowski

Erklärt auf witzige Art, was moderner Feminismus ist und woran es in unserer Gesellschaft mangelt.

Die unsichtbaren Frauen
Caroline Criado-Perez

Der Mensch ist im Durchschnitt ein Mann. Warum das lebensgefährlich für Frauen sein kann, steht in diesem Buch.

Sprache & Sein
Kübra Gümüsay

Dieses Buch erklärt, wie uns Sprache in vielen Dingen eingrenzt und regt zum Nachdenken an!

In der Regel bin ich stark
Anna Wilken

Anna nimmt uns mit in ihr Leben mit Endometriose. Was ist das und was sind die Folgen?

Starkes, weiches Herz
Madeleine Alizadeh

Warum man stark und weich zugleich sein kann. Ich habe dieses Buch so gerne gelesen!

Becoming
Michelle Obama

War nicht mein Favorit, aber meine Mom hat es geliebt.

Schnelliebig
Lina Mallon

Für noch mehr Dating-Geschichten & die Suche nach der wahren Liebe. Lina wurde übrigens auch schon geghosted.

Wurzeln zu Blüten
Luise Morgen

In vielen einzelnen Geschichten gibt uns Luise einen Einblick in ihr Leben & ihre Gedankenwelt.

The moment of Lift
Melinda Gates

Melinda zeigt Misstände in Bezug auf die Rolle der Frau in der Gesellschaft auf und macht deutlich wie wichtig es ist, diese nachhaltig zu stärken.

Viva la vagina!
Nina Brochmann & Ellen Støkken Dahl

Ein Basiswerk mit weiteren wertvollen Inhalten über die Vagina, aber auch über die Sichherheit von Verhütungsmethoden, den Pearl-Index.

Lean In
Sheryl Sandberg

Die COO von Facebook beschreibt liebevoll und ehrlich die Herausforderungen, wenn man Karriere, Kinder & Ehe unter einen Hut kriegen möchte.

Me and ...

16.9.2019
Komische Frage: hast du schon mal ne frau geküsst? 16:57
als teenie mal bevor ich überhaupt nen jungen geküsst hab 😀 16:58
aber eig zählt das noch nicht als küssen 😀 16:59
also nein 16:59
wieso fragst du ? 😅 und du ? 16:59
ME AND ...
ME AND ...
ME AND ...

Über die Freundschaft

Ich bin jemand, der sehr leicht neue Menschen kennenlernt und ich würde behaupten, dass ich selbst den schüchternsten Menschen aus der Reserve locken kann, weil ich mich für so Vieles interessiere und mittlerweile auch meine Allgemeinbildung vergrößert habe, indem ich regelmäßig Nachrichten höre oder zu diversen Themen Bücher lese, sowie Podcasts höre.

Deswegen würde ich auch sagen, dass ich viele Menschen habe, mit denen ich befreundet bin oder die auch gerne tiefere Freundschaften mit mir pflegen möchten.

Das ist mir schon häufig zum Verhängnis geworden, weil ich es so oft allen recht machen möchte und dann ein Freizeitstress entsteht, den du vielleicht auch kennst.

> Gerade im letzten Jahr haben sich meine Freundschaften verändert.

Viele sind noch inniger geworden, andere aber auch in die Brüche gegangen, was mich schmerzt. Durch diese unterschiedlichen Erfahrungen habe ich einige Dinge gelernt und mir ein paar persönliche Regeln für meine Freundschaften aufgestellt.

#1: Achte darauf, welches Gefühl dir ein*e Freund*in gibt. Fühlst du dich nach einem Treffen mit dieser Person bestärkt?

#2: Sei ehrlich! Wenn du gerade keinen Kopf dafür hast, mit jemanden etwas zu unternehmen, erkläre dich und deine Gefühle, anstatt die Person hinzuhalten.

#3: Man muss nicht immer einer Meinung sein. Gerade, wenn es um politische Debatten oder andere sensible Themen geht, hat man auch mal Meinungsverschiedenheiten. Das ist total normal und kann auch schön sein, wenn man dadurch andere Perspektiven einnehmen kann.

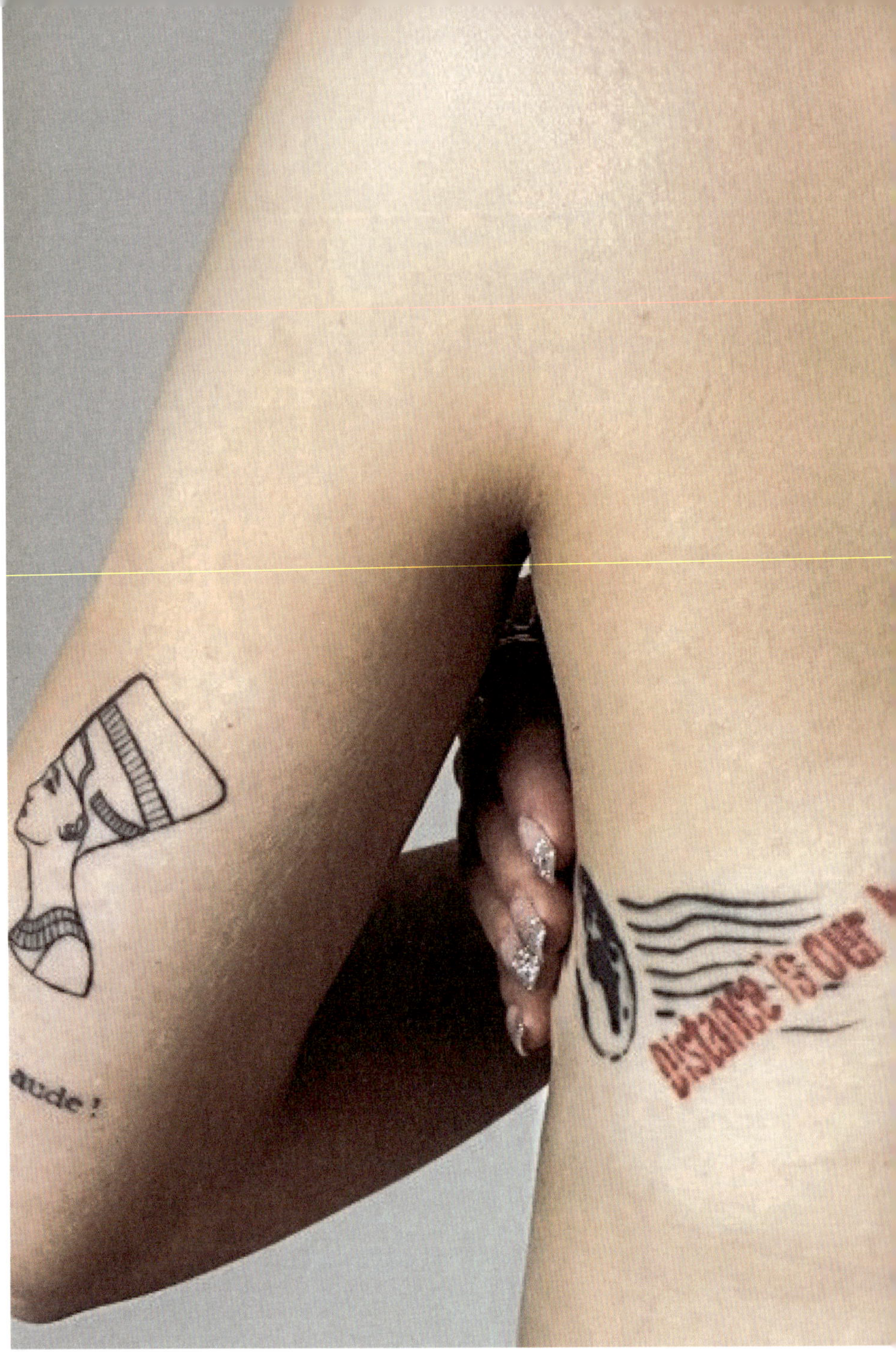
aude !
Distance is over

Weil die Kontakte so wenige sind,
und man so viel Zeit mit sich gewinnt,
vermisse ich es mit dir zu reden,
und dass wir wieder Dinge erleben.

Warst Unterstützer und Kritiker zur selben Zeit,
doch das hielt nicht für die Ewigkeit.
Das Negative hat dich mehr geblendet,
und damit unsere Freundschaft beendet.

Wo ist die alte Zeit nur hin,
das Verzeihen machte einen Sinn
und uns die Distanz erst einte,
wodurch man umso mehr Gefühle teilte.

Damals hatten wir noch den Mut –
Verständnis überwog der Wut.
Doch heute scheint es einfach schon zu spät,
sodass jeder lieber alleine geht.

Ich werde deine klugen Worte vermissen,
dass deine Strumpfhosen meist waren gerissen,
dass du natürlich und tough zugleich warst,
und stets Worte mit Taten vereint hast.

Toxische Beziehung – was ist das, was macht sie mit einem und wie kommt man wieder raus?

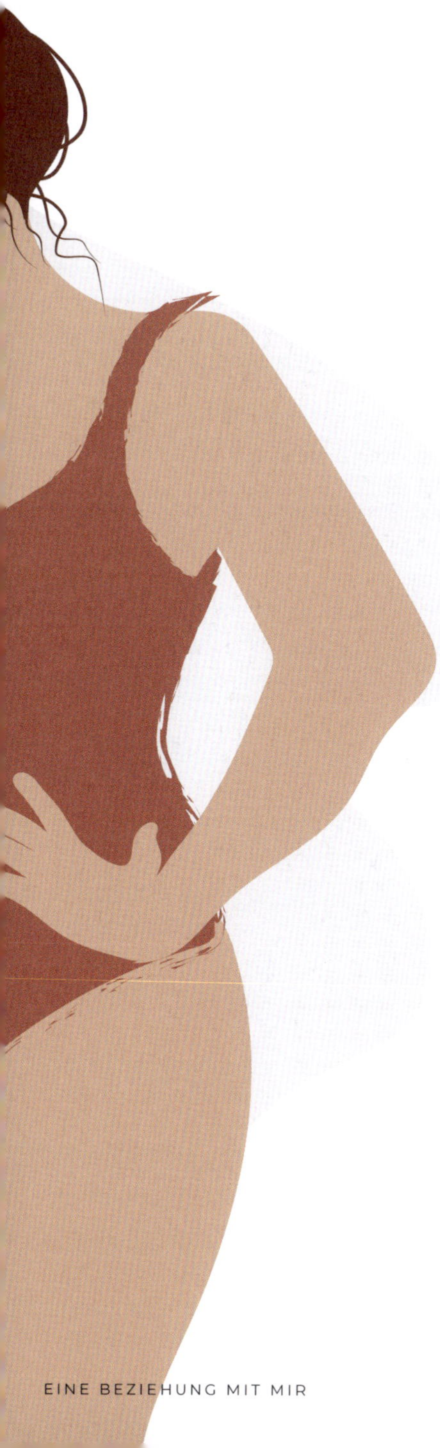

Toxische Beziehung - ein Begriff, der im heutigen Zeitalter sehr inflationär benutzt wird. Doch was sind toxische Beziehungen wirklich? Wie erkenne ich, dass ich in einer stecke, wie komme ich da wieder raus und vor allem: Warum bin ich da überhaupt drin gelandet? Toxische Beziehungen gibt es im Elternhaus, im Freundeskreis und in romantischen Partnerschaften. Genau diese möchte ich hier ein wenig beleuchten.

Die gefährliche Dynamik

Am Anfang ist doch alles so schön, so perfekt. Wann kam der Punkt, an dem sich alles geändert hat? Irgendwie hat man den Moment verpasst. Toxische Beziehungen machen einen kaputt: langsam und systematisch. Wer selbst in einer giftigen Beziehung steckt, die einem schadet, bringt vor allem eines mit: einen emotionalen Mangel, den die andere Person ausfüllen soll. Am Anfang der Beziehung steht da das Gefühl, genau das gefunden zu haben, was man schon immer gesucht hat. Aber nur scheinbar. Denn im Gegensatz zu einer gesunden Beziehung kann sich der andere Part nicht entscheiden. Mal gibt er sehr viel Gefühl, dann nimmt er es wieder. Ein ewiger Nähe-Distanz-Wechsel. Es gibt nichts dazwischen. Und genau dann, wenn man sich entspannen möchte und denkt: „Jetzt ist alles wieder gut!", kommt der*die Partner*in um die Ecke und der Horror startet von Neuem. Die Beziehung wird in Frage gestellt, du selbst wirst in Frage gestellt. Dauerstress.

Da der Anfang einem Märchen ähnelte, möchte man diesen Zustand wieder herstellen und investiert sehr viel in die Versöhnung. Diese große Diskrepanz von ewiger Liebe zum größten Feindbild ist für einen zudem unverständlich und löst unglaublich tiefen Schmerz aus, den man wieder beseitigen möchte. Das extrem beflügelnde Hochgefühl vom Anfang soll wiederhergestellt werden.

> Und in dem Moment, in dem Menschen alles tun, um diese Glücksgefühle wieder zu bekommen, werden sie nicht nur verletzbar, sondern auch manipulierbar.

Der Startschuss für den emotionalen Missbrauch und gleichzeitig auch für die Abhängigkeit.

In der Regel kennen vor allem empathische Menschen toxische Beziehungen. Menschen, die keinen guten Zugang zu sich selbst haben, fühlen sich davon angezogen. Und empathische Menschen tun leider vor allem eines sehr gerne: sich selbst in Frage stellen.

> Die Möglichkeit, dass sie selbst Schuld an etwas tragen, kommt für sie immer in Frage. Ein tückischer Nährboden.

Denn giftige Beziehungen bedienen sich vor allem einem: dem Schuldgefühl.

Das Gefühl der Schuld wird von der anderen Person regelmäßig getriggert. Nichts ist gut genug und die Streitereien sind eigentlich nur ein Vorwand, um Macht und Kontrolle über den*die Partner*in zu gewinnen. Da kann schon mal der Reis, den man beim Einkaufen vergessen hat, Grund genug dafür sein, die komplette Beziehung und den*die Partner*in in Frage zu stellen. Wenn sowas zum ersten Mal passiert, ist man noch verwirrt, versucht den Durchblick zu behalten. Aber der toxische Part kann durch Manipulationstechniken wie Gaslighting das komplette Gespräch drehen und wenden, wie er lustig ist. Das bedeutet, dass Opfer gezielt desorientiert, manipuliert und zutiefst verunsichert werden und ihr Realitäts- und Selbstbewusstsein schrittweise geschädigt wird.

> Schuldumkehr ist ebenfalls ein Indiz für toxische Beziehungen.

Wehe, du selbst hast mal Bedürfnisse oder Grenzüberschreitungen, die du anmerkst. Trifft der*die Partner*in sich zum Beispiel heimlich mit anderen zu Dates oder betrügt einen sogar und du sprichst das an, kannst du dich darauf verlassen, dass dich der*die Andere am Ende des Tages dafür emotional bestraft. Das kann sich durch einen Wutausbruch, Gefühlsentzug oder aber auch Trennungsdrohungen zeigen.

Diese ständigen Richtungswechsel lassen einen die Orientierung verlieren und auch das Selbstwertgefühl leidet enorm. Das Innere weiß, dass da was nicht stimmt. Aber dann ist das

Kind meistens schon in den Brunnen gefallen: Man ist emotional abhängig und dürstet nach den perfekten Momenten, den Höhen in der Beziehung. Die werden zwar seltener, aber es gibt sie noch und ein*e Süchtige*r gibt sich auch mit kleinen Dosen zufrieden.

> Irgendwann hat man den Bezug zu sich selbst so sehr verloren, dass die eigenen Bedürfnisse nicht mehr zählen.

Zumindest nicht so viel, wie die des*der Partners*Partnerin. Wenn die Befindlichkeiten der anderen Person nämlich nicht stärker wahrgenommen werden als die eigenen, weiß man: Es kommt wieder zum zerstörerischen Streit mit starken emotionalen Verletzungen. Es ist wie ein Schutzmechanismus, der aber nicht so richtig funktioniert. Denn das Tückische ist: Diese Verletzungen kommen so oder so, egal wie angepasst man ist.

Die Trennung und Folgen

Eine toxische Beziehung zu beenden ist unglaublich schwer. Durch die vielen Ups and Downs hat man ein stärkeres Bindungsgefühl. Die Investition in solch eine Beziehung ist immens hoch. Dadurch ist das Aufgeben mit viel Schmerz, Leid und Druck verbunden. Nichtsdestotrotz ist es die einzige Möglichkeit, langfristig wieder ein gesundes Leben zu führen.

> Die Folgen einer toxischen Beziehung können einschlagend sein: Panikattacken, Depressionen, Angststörungen oder aber auch physische Gesundheitsprobleme wie Schilddrüsenentzündungen, Magenbeschwerden und generelle Müdigkeit.

Die Energie wird einem regelrecht ausgesaugt.

Unumgänglich ist meiner Meinung nach der (Wieder-)Aufbau des Selbstwertgefühls und vor allem das Erlernen der Fähigkeit, Grenzen zu setzen!

Wer sich selbst und seine Prinzipien verrät, kommt erst in diesen Abhängigkeitsstrudel hinein. Und genau da liegt der Hund begraben:

> Der Verrat an sich selbst befähigt den*die Andere*n dazu, einen emotional zu missbrauchen.

Befindet man sich einmal in diesem Teufelskreis, ist diese Beziehung auch erst mal nicht mehr zu retten. Sondern nur noch man selbst.

Ich empfehle die Arbeit am inneren Kind. Diese Fragen sollte man sich stellen: Warum kann ich mich nicht gut abgrenzen? Was waren die

Warnsignale, die ich am Anfang übersehen habe? Wann wurde das erste Mal eine Grenze überschritten und ich habe nichts gemacht oder gesagt? Welche Muster habe ich, die mich dazu gebracht haben, mich abhängig machen zu lassen?

Häufig findet man im Elternhaus Beziehungsmuster, die man selbst lebt. Das muss nicht immer so sein, viele können sich dort aber wiederfinden und daran arbeiten, ihr eigenes Verhaltensmuster zu ändern.

> Ein stabiler Selbstwert trägt dazu bei, gesunde Beziehungen zu führen und ganz schnell Abstand von toxischen Persönlichkeiten zu nehmen.

Ich persönlich würde jeder*m raten, nach einer solch zerstörerischen Beziehung eine professionelle Therapie aufzunehmen.

Seelischer Missbrauch hinterlässt Narben und Schäden, die aufgeräumt werden müssen und es ist okay und meistens auch förderlich, sich dabei Hilfe zu holen.

Ganz wichtig ist mir, am Ende noch einmal zu betonen, dass die Missbrauchten keine Schuld tragen. Auch wenn meine Worte nur bedingt helfen und das Verinnerlichen und der Verarbeitungsprozess lange dauern: Ihr habt jetzt die Möglichkeit, etwas daraus zu lernen und am Ende des Tages stärker zu werden. Gebt euch die Zeit, die ihr braucht.

Ganz wichtig ist mir, am Ende noch einmal zu betonen, dass die Missbrauchten keine Schuld tragen. Auch wenn meine Worte nur bedingt helfen und das Verinnerlichen und der Verarbeitungsprozess lange dauern: Ihr habt jetzt die Möglichkeit, etwas daraus zu lernen und am Ende des Tages stärker zu werden.

Dating-
begrif

Freundschaft Plus, Ghosting, Benching?

Wurdest du schon mal geghosted? Wenn du jetzt keine Ahnung hast, was das ist, würde ich mal behaupten, dass du dich glücklich schätzen kannst. Du scheinst dann vielleicht aktuell nicht so aktiv in der digitalen Datingwelt verankert. Ich persönlich wurde schon geghosted, aber habe auch schon mal selbst Männer geghosted. Die Welt um Apps für Onlinedating, Whatsapp-Chats usw. ist einfach sehr schnelllebig und unverbindlich. Außerdem entstehen in diesem Bereich die verrücktesten Begriffe für bestimmte Verhaltensmuster im Dating-Kontext. Viel Spaß beim Durchlesen.

BENCHING

Man wird auf die Ersatzbank gesetzt - die Person, die man datet, möchte einen warmhalten, während sie noch andere Optionen abwägt.

CASUAL DATING

Dating ohne Verpflichtungen oder Exklusivitätsansprüche

CATFISHING

Wenn sich eine Person z.B. beim Onlinedating als jemand anders ausgibt, indem sie z.B. falsche Bilder nutzt oder ein anderes Alter angibt.

FREUNDSCHAFT +

Man fängt eine sexuelle Beziehung mit einem*r Freund*in an, ohne das Vorhaben, eine Beziehung einzugehen. Die Freundschaft steht hierbei im Vordergrund.

GHOSTING

Die Person, die man datet, bricht ohne Ankündigung den Kontakt ab, antwortet nicht mehr auf Nachrichten und verschwindet aus dem Leben der anderen Person.

LOVE BOMBING

Schon zu Beginn des Kennenlernens werden ernste Versprechungen und Gesten gemacht, nicht selten gibt es auch verhältnismäßig schnelle Liebesbekundungen und große Zukunftspläne.

MICRO-CHEATING

Für manche ist es völlig in Ordnung, andere bewerten es bereits als Fremdgehen: In einer festen Beziehung werden bewusst Dinge verheimlicht, Kontakte falsch eingespeichert, Nachrichten gelöscht und so wird aktiv das Vertrauen gefährdet. Hierbei kommt es allerdings zu keinem körperlichen Fremdgehen mit anderen.

MORE NIGHT STAND

Aus dem unverbindlichen One Night Stand werden mehrere Treffen, bei denen es aber weiterhin nur um Sex geht.

MOSTING

Love Bombing, dann Ghosting - erst werden große Versprechungen gemacht, Pläne geschmiedet und die Aussicht auf etwas Ernstes gegeben und dann wird unvermittelt der Kontakt abgebrochen.

OFFENE BEZIEHUNG

Man führt zwar eine feste Beziehung, ist jedoch sexuell nicht exklusiv. Je nach Paar gibt es unterschiedliche Vereinbarungen, wie weit und für wen man die Beziehung öffnet.

ONS

One Night Stand: Man verabredet sich einmalig und unverbindlich zum Sex.

ORBITING

Man wird geghostet, aber der "Ghost" verfolgt weiterhin alle Aktivitäten auf Social Media und hält sich über das Leben des*r Anderen auf dem Laufenden.

SUBMARINING

Die Person, die man datet, bricht zwar den Kontakt ab und meldet sich nicht mehr, taucht aber in regelmäßigen Abständen wieder auf, um aktuell und im Gedächtnis der anderen Person zu bleiben.

Freundschaft Plus

STORYTIME

Es war der Freitag nach Weiberfastnacht in Köln und ich war auf Tinder unterwegs.

Nachdem ich mit meinem Match schon über einen Monat lang geschrieben hatte und wir beide zu Karneval wieder in der Stadt waren, verabredeten wir uns kostümiert auf ein erstes Date. Zufällig passten unsere Kostüme sogar zusammen. Er ging als Footballspieler, ich als Cheerleader.

Wir sind in eines der wenigen Lokale gegangen, das an diesem Abend keine Karnevalsmusik spielte, um uns kennenzulernen. Doch schon nach der ersten halben Stunde war klar: Ich mag ihn. Er sieht gut aus, ist smart und zieht mich an.
Nach zwei Stunden Gespräch ging es in den Joode Lade zum Tanzen und Küssen und dann landeten wir bei ihm. Es ist eines dieser Dates, an das ich mich immer wieder gerne erinnern werde…
So lernte ich meine erste „Freundschaft plus“ kennen. Irgendwie finde ich diesen Begriff noch immer ein wenig komisch, aber tatsächlich beschrieb er unsere Situation ganz gut.

Ich mochte ihn, sehr sogar. Ich schätzte seine Meinung und verbrachte viele Abende mit ihm, aber ich liebte ihn einfach nicht. Wir schafften es, gemeinsam abzuschalten, schauten Serien & Filme zusammen, was ich sonst nie gemacht hatte und hatten jedes Mal Sex, wenn wir uns trafen. Es gab mir Selbstbewusstsein, zu wissen, dass da jemand ist, der zwar nicht der Mann meiner Träume ist, mit dem ich aber gerne Zeit verbringe.

Das Ganze ging drei Monate. Nachdem die kälteren Monate vorbei waren und man die Tage nicht mehr nur drinnen, sondern auch draußen auf Festivals oder Wochenend-Trips verbrachte, fingen wir beide an, uns nach etwas Neuem zu sehnen. Wir hatten uns beide auch unsere Freiheiten genommen, um andere Menschen kennenzulernen und merkten irgendwann, dass die Situation für uns nicht mehr richtig ist.

Tatsächlich konnte ich damit besser umgehen, als ich zuerst dachte, weil wir beide darüber sprachen und wir beide auch andere trafen. Wenn die Datinglage bei beiden unterschiedlich ist, ist das sicher nicht so leicht auszuhalten.

Heute stehen wir noch immer in Kontakt. Wir sind im Guten auseinandergegangen.

Ich mochte ihn, sehr sogar. Ich schätzte seine Meinung und verbrachte viele Abende mit ihm, aber ich liebte ihn einfach nicht. Wir schafften es, gemeinsam abzuschalten, schauten Serien & Filme zusammen, was ich sonst nie gemacht hatte, und hatten jedes Mal Sex, wenn wir uns trafen.

Lebe deine Wahrheit

Ich habe nie in Betracht gezogen, dass es möglich wäre, auch Frauen zu lieben. Eine Partnerschaft mit einer Frau einzugehen. Und das, obwohl der erste „Crush", an den ich mich erinnern kann, bereits eine Frau war. Meine Umwelt war aber nicht so frei, wie ich sie jetzt, gerade zu diesem Zeitpunkt, an dem ich offen mit meinen Gefühlen umgehe, empfinde.

Ich wurde katholisch erzogen und wie es nun mal so ist, wurde ich oft gefragt, ob ich denn einen Jungen „gut" fände, verliebt sei. Weibliche Pronomen wurden nicht benutzt - es lag auf der Hand, dass Frau Mann liebt und ich mich als Mädchen in der Schulzeit mit Jungs ausprobieren sollte. Daran hatte ich aber nie großes Interesse und genau deswegen habe ich lange Zeit an mir gezweifelt. Habe mich fehl am Platz gefühlt, gehörte nirgends richtig dazu.

Meine beste Freundin war weggezogen und – damals hätte ich mich dafür geschämt, das zu sagen – aber in der Schulzeit war mein Tagebuch wirklich meine beste Freundin.

> Und wenn ich mein Tagebuch jetzt durchlese, wünschte ich, ich könnte meinem Teenie-Ich sagen, dass ich so sein kann, wie ich bin.

Dass ich irgendwann mit meiner Sexualität offen umgehen können werde, ohne mich zu schämen, aber auch, dass es unglaublich lange dauern wird, bis dem inneren Outing das äußere folgt. Ich habe lange überlegt, was falsch mit mir ist, irgendwann nicht mehr nur im Selbstdialog, sondern auch offen mit Freundinnen, wenn sie von Männern oder ihren Beziehungen zu ihren Freunden sprachen.

Ich kann mich noch genau an einen Abend erinnern, an dem ich zusammengebrochen bin, weil ich mich so geschämt habe und irgendwie von Zweifeln und Ängsten erfüllt war. Angst vor Vorurteilen und Angst davor, anders behandelt zu werden von meinen Freundinnen, weil ich mich in eine Frau verliebt hatte.

> Und tatsächlich hat sich meine Welt einmal komplett gedreht.

Trotzdem habe ich in Gesprächen mit Freundinnen weiter an mir gezweifelt, weil ich einerseits Angst hatte, der normativ vorausgesetzten, für erstrebenswert befundenen Beziehungskonstellation nicht gerecht werden zu können und auch nicht den Erwartungen meines Umfelds. Angst vor Ablehnung, mit der ich mich sowieso schwertat. Andererseits dachte ich mir: Wie kann ich mir sicher sein?

> Will ich ein Label auf meine Gefühle packen und das nur, damit andere mich besser in eine Schublade stecken können?

Aber Gefühle täuschen nicht. Und jetzt, Jahre später, weiß ich zwei Dinge: Dass ich mich in die Person, nicht in ein Geschlecht, verliebe und dass ich mich nicht mehr verstecke oder schäme. Nicht für's Lieben und Verlieben.

Wenn ich jemandem in einer ähnlichen Situation, Neugier oder Zweifeln, eins sagen könnte, dann würde ich ihr raten, ihre Einzigartigkeit zu feiern, dass Anpassen nicht alles ist. Nicht in der Schule, nicht in der Uni, nicht in der Familie – nicht in diesem Leben. Du dir nicht sicher sein musst, dass Zweifel okay sind und dass du dich auf dem Spektrum frei bewegen darfst, ohne dich für andere zu labeln.

Und dann blättere ich von meinen ersten Tagebucheinträgen zum letzten und lese: „18. April 2020: Wahre Liebe ist: Ich bin glücklich, wenn du deine Wahrheit lebst." Denn das habe ich gestern im Gespräch mit einer Freundin gelernt. Freund*innen und Familie sind diejenigen, die dich genau dann lieben, wenn du dir treu bist.

I kissed a girl!
STORYTIME

Komische Frage: hast du schon mal ne frau geküsst?

als teenie mal bevor ich überhaupt nen jungen geküsst habe

aber eig zählt das noch nicht als küssen

also nein

wieso fragst du?
und du ?

2019 habe ich das erste Mal eine Frau geküsst. Ich habe mich von Frauen nie besonders angezogen gefühlt. Das ein oder andere Mal beim Feiern mit Freundinnen dachte ich daran, wie es sein würde, wenn ich mal mit einer Freundin rummachen würde. Doch irgendwie kam es nie dazu.

Letztes Jahr nahm ich der Sache konkret in die Hand und schrieb einer guten Freundin von mir. Eine Woche später trafen wir uns, um dem Ganzen einmal einen Versuch abzugewinnen. Und ich kann sagen: Meine Freundin kann gut küssen! Zärtlicher als einige Männer, die ich geküsst habe, aber eine Anziehung habe ich danach nicht gefühlt. Es war schön, aber hat mich nicht erregt. Ich würde es auf jeden Fall nochmal tun, aber einfach zum Spaß.

Warum erzähle ich diese Geschichte jetzt? Naja, ich will dich eigentlich nur ermutigen, einfach mal was Neues zu wagen. Keine Frau MUSS andere Frauen küssen, aber das Erlebnis hat auf jeden Fall die Beziehung zu meiner Freundin gestärkt und ich kann jetzt mit Sicherheit behaupten, dass ich mich nicht von anderen Frauen angezogen fühle. Ich finde, Frauen sind wunderschöne Wesen und ich schaue sie mir auch gerne an, aber ich bin einfach nicht sexuell erregt und das ist okay und ich bin dankbar, dass ich das Ganze für mich getestet habe.

Vielleicht hast du auch schon das ein oder andere Mal darüber nachgedacht? Dann trau' dich doch auch mal, jemanden anzusprechen und am Ende wenigstens um eine Erfahrung reicher zu sein.

Match me if you can

Tatsächlich nutze ich schon seit etwa sechs Jahren Dating-Apps (ich bin 25). Mit dem bestandenen Abi und der typischen Phase der Langweile zwischen Abschlussball und Umzug für's Studium entdeckte ich Tinder und hatte schon von meinem Dorf aus erste Matches, die ich auch traf.

Mein erstes Tinder-Date war zwei Jahre älter als ich und studierte in Gießen. Er holte ich mit dem Auto zuhause ab und wir gingen spazieren.

Bis jetzt ist mir noch nie etwas Schlimmes bei einem Date passiert. Wegrennen, weil jemand anders aussah als auf Bildern, wollte ich vielleicht zweimal.
Selbst im Urlaub auf Sylt hatte ich ein cooles Doppel-Date mit meiner besten Freundin und habe mir mal einen gratis Surfkurs erswiped.
In New York traf ich einen Investmentbanker und einen Anwalt, die beide nicht so aufregend waren, wie ich gedacht hatte.

Ich mag Dating und ich mag Dating-Apps. Man darf ihnen nur nicht zu sehr verfallen und sollte sie nicht als einzige Möglichkeit sehen, Menschen kennenzulernen. In Zeiten von Corona sind sie für mich aber auf jeden Fall auch ein gutes Pflaster gegen Einsamkeit.

Bumble

Mein erstes Bumble-Date war mit einer Frau, denn bei Bumble kann man nicht nur daten, sondern auch Freund*innen finden oder Businesskontakte knüpfen. Wir waren zusammen beim Yoga und stehen bis heute in Kontakt. Ich mag Bumble sehr: Die Profile sind schön aufbereitet, man sieht meist Größe oder auch Sternzeichen der Person, die man daten mag und kann auch in der App telefonieren oder videochatten.

Raya

Die geheimnisvolle Dating-App, zu der man nur zugelassen wird, wenn man empfohlen wird. Bis vor sechs Monaten kannte ich diese App gar nicht, bis mir eine Bloggerkollegin davon berichtete. Seitdem finde ich es aufregend zu sehen, wen man dort so alles matchen kann. Ich finde es besonders cool, weil man neben "Promis" und Influencer*innen auch viele Menschen aus der Startup- und Kreativ-Szene findet. Ich hatte bis jetzt ein Date durch Raya und das war alles andere als langweilig.

Tinder

Diese App ist direkt nach meinem Abitur auf meinem Smartphone eingezogen. Mal habe ich sie mehr genutzt und mal weniger. Ich bin irgendwie dankbar für diese App, weil mittlerweile aus manchen Matches Freunde geworden sind und man damit auf jeden Fall seinen Spaß haben kann. Ich würde aber nicht sagen, dass es dort nur um Sex geht. Man entscheidet schließlich selbst, wen man trifft und kann selbst kommunizieren, was man möchte.

OK Cupid

OK Cupid wurde mir von Freund*innen empfohlen, nachdem ich mich wieder mal über Tinder beschwert hatte. Bei der Erstellung des Profils kann man hunderte persönliche Fragen beantworten zu Themen wie Politik, Freizeitverhalten, sexuellen Vorlieben u.v.m. Auf Basis dieser beantworteten Fragen bekommt man mögliche Matches vorgeschlagen und kann schon im Vorfeld sehen, in welchen Punkten man übereinstimmt und wo man unterschiedliche Ansichten hat. Außerdem kann man andere bereits anschreiben, bevor es ein Match gibt. Dadurch soll das Swipen entschleunigt werden: Nicht nur das Bild zählt, sondern auch die Eigenschaften eines potenziellen Matches. Während es bei Tinder & Co. schwierig sein kann, die Menschen originell anzuschreiben, kann das hier über gemeinsame Interessen geschehen. Ich habe das Gefühl, das so die Chance auf eine Antwort erhöht wird.

WHATSAPP
Er 💕
Lust und Zeit heute Abend was zu machen?

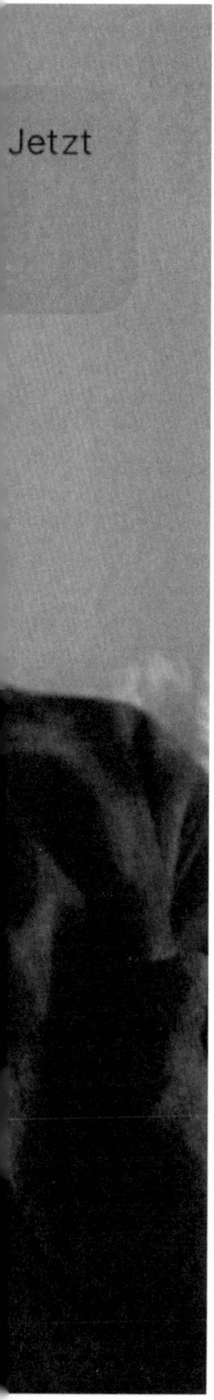

Das Dating-Dilemma

Wie gehe ich mit meinen Gefühlen um, wenn ich gerade jemanden kennenlerne? Das ist ein Thema, mit dem ich und auch meine Freundinnen sehr oft zu kämpfen haben.

Gibt es heutzutage einen optimalen Weg, jemanden kennenzulernen, besonders wenn man sich nach einer ernsteren Beziehung sehnt? Ist es dann falsch, direkt beim ersten Date miteinander zu schlafen, sich zu küssen und wer schreibt zuerst? Leider muss ich dich direkt enttäuschen und kann dir sagen, dass ich dafür keine konkrete Lösung habe. Ich kann dir nur von meiner Erfahrung berichten.

Regel #1

Es gibt keine Regeln

Ich finde, dass es beim Dating keine Regeln gibt. Man kann diese höchstens für sich selbst festlegen, um sich vor emotionalen Verletzungen zu schützen, wenn man zu früh mit jemandem intim wird und die Person am Ende vielleicht nichts Festes will.

Regel#2

Klare Kommunikation

Wenn du jemanden kennenlernst, ist es wichtig, dass du dich nicht verstellst und direkt zu Beginn ehrlich kommunizierst, was du aktuell für Bedürfnisse und Wünsche hast. Am besten solltest du das von Person zu Person klären und nicht via WhatsApp, weil es da oft zu Missverständnissen kommen kann.
Wenn dir jemand von Anfang an sagt, dass er gerade keine Beziehung möchte, kann es eine schmerzhafte Erfahrung sein, wenn du doch dieser Person näherkommst und merkst, dass du sie nicht umstimmen kannst.

Regel#3

Bleib' entspannt!

Das ist tatsächlich das, was mir auch nicht leicht fällt, weil ich mich auch sehr schnell

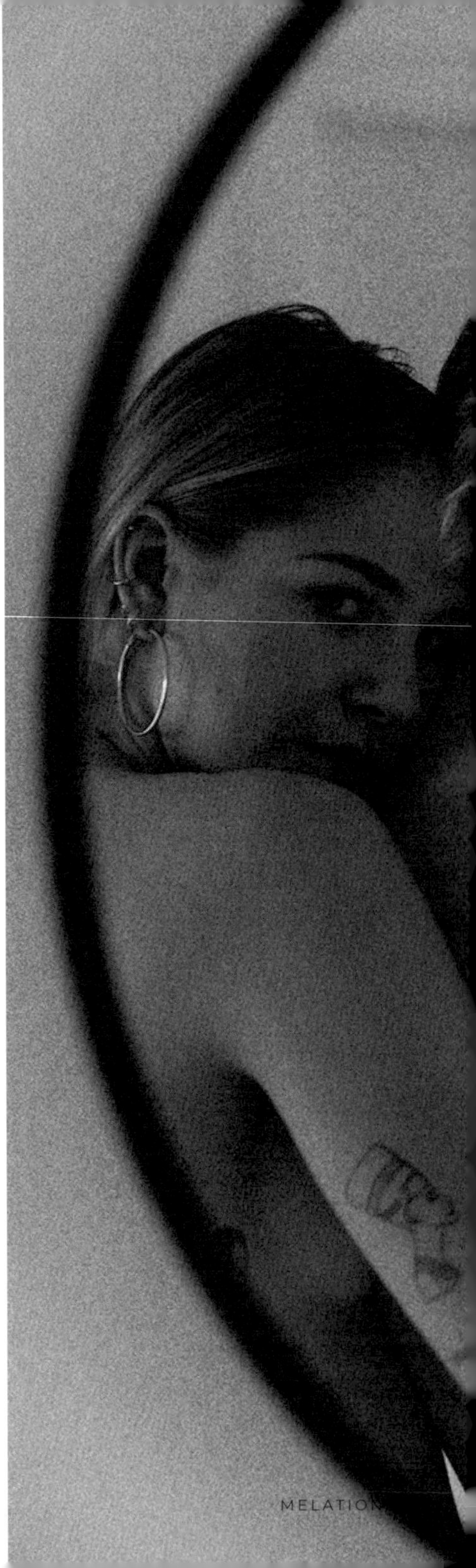

verlieben kann und unruhig werde, wenn ich auf eine Antwort warte.
Wichtig zu verinnerlichen ist hierbei für mich immer, dass mein Leben sich nicht um mein letztes Date drehen sollte, sondern noch immer um mich. Indem ich mich auf meine Interessen und meine Ziele konzentriere, kann ich mich meist abkenken. Hier ist auch zu sagen, dass das natürlich nicht immer leicht ist, aber ich würde sagen, ich bin mittlerweile entspannter, wenn ich jemanden kennenlerne.

Dating macht Spaß! Ich liebe es, neue und mir fremde Menschen kennenzuleren oder wenn man von einer Person, die man schon länger mochte, endlich auf ein Date eingeladen wird.
Single zu sein ist nicht schlecht. Es ist alles eine Frage der Einstellung. Ich bin so dankbar für die aufregenden Abende, die ich bis jetzt erleben durfte, weil sie mir Vieles über mich beigebracht haben und mir meistens Selbstvertrauen schenkten. Tatsächlich kann ich mich auch an kein Date erinnern, welches ich schnellstmöglich wieder verlassen wollte. Klar, die ein oder andere "Enttäuschung" war schon mal dabei, wenn jemand online anders aussah, als im wahren Leben oder man nicht so richtig ein Gespräch aufbauen konnte. Aber nach weniger guten Dates kommen auch immer wieder bessere.

Oo

ess

Let's talk about sex!

Erst im letzten Jahr habe ich gelernt, offen über Sex zu reden und verstanden, dass guter Sex nur mit ehrlicher Kommunikation funktioniert, dass niemand von Beginn an ein Profi darin ist und dass guter Sex für jede*n etwas anderes bedeutet.

Man kann so viel über Sex lernen, indem man darüber spricht und seine individuellen Erfahrungen austauscht.

Meinen ersten Porno habe ich vor zwei Jahren geschaut und dadurch viel Sicherheit bekommen, wenn es um manche sexuellen Themen geht.

Erst im letzten Jahr habe ich gelernt, offen über Sex zu reden und verstanden, dass guter Sex nur mit ehrlicher Kommunikation funktioniert, dass niemand von Beginn an ein Profi darin ist und dass dass guter Sex für jede*n etwas anderes bedeutet.

Um mal konkret zu werden, dazu soll dieses Buch ja dienen:

> Durch den Konsum von Pornos habe ich mich viel sicherer darin gefühlt, wie ich einem Mann einen Blowjob geben kann.

Niemand MUSS Pornos schauen und niemand MUSS seinem Partner* einen Blowjob geben. Vor allem sollte man sich auch bewusst sein, dass die meisten Pornos für Männer produziert werden und die Frau dort eigentlich nur dazu dient, ausschließlich den Mann zu befriedigen, was nicht wirklich den Idealfall widerspiegelt.

> Es gibt auch feministische Pornos, wie beispielsweise die von Erika Lust.

Da stehen die Frau und ihr Höhepunkt mehr im Vordergrund und sie sind für mein Empfinden auch um einiges ästhetischer gedreht als die meisten anderen. Ich habe mir mal einen gekauft und fand ihn echt aufregend anzusehen, aber tatsächlich lasse ich sonst lieber meiner Fantasie freien Lauf und brauche nicht zwingend visuelle Anreize, um erregt zu sein.
Mittlerweile gibt es da ja auch andere Optionen, wie zum Beispiel erotische Hörgeschichten.
Niemand muss gemeinsam mit seinem*seiner Partner*in Pornos schauen, aber es kann ein spannendes Experiment sein und die Kommunikation über Sex fördern.

Auf Youtube gibt es auch verschiedene Tutorials zu bestimmten Sexualpraktiken. Wie beispielsweise Squirten geht oder wie du deine*n Partner*in in Stimmung bringen kannst, findest du alles online. Natürlich sind da auch nicht nur Expert*innen unterwegs, aber ein Video kann als Inspiration dienen und es ist auch vollkommen ok, wenn man sich solche Videos auch einfach mal alleine oder mit Freund*innen anschaut. Why not?!

> Generell sollte man sich nicht für seine Bedürfnisse und Wünsche schämen und je offener man damit umgeht, desto hilfreicher ist das für die Beziehung zu dir, deinem Körper und einer weiteren Person.

Da wir bereits auch über Pornos geredet haben, in denen u.a. der Höhepunkt der Frau eine Rolle spielt, möchte ich die Gelegenheit nutzen und euch noch etwas zum Thema Orgasmus sagen: Macht euch keinen Druck!

> Lernt euch und eure Bedürfnisse kennen, denn erst so kann Sex wirklich zur bekanntlich schönsten Nebensache der Welt werden.

Ich habe auch mal gefragt, wie sich für euch ein Orgasmus anfühlt. Auf der nächsten Seite findet ihr eine kleine Auswahl an Antworten. Es ist einfach wirklich spannend, wie subjektiv dieses Gefühl ist.

WUNDERVOLLES GEFÜHL!
HAT ABER NICHTS MIT
GUTEM SEX ZU TUN!

INNERE EXPLOSION, WÄHREND
1000 KLEINE FEDERN DICH
IRGENDWIE REIZEN BZW KITZELN!

ICH BIN MIR ZIEMLICH UNSICHER,
WIE SICH EIN ORGASMUS ANFÜHLT.

EIN MOMENT, IN DEM MAN SICH
SELBST SEHR INTENSIV SPÜRT UND
DER GLÜCKSGEFÜHLE AUSLÖST.

LOSGELÖST VON ALLEN SORGEN
FÜR EINEN MOMENT!

SCHÖN, ALS EIN SEHR INTENSIVES
GEFÜHL, DASS MICH MIT MIR
SELBST VERBINDET

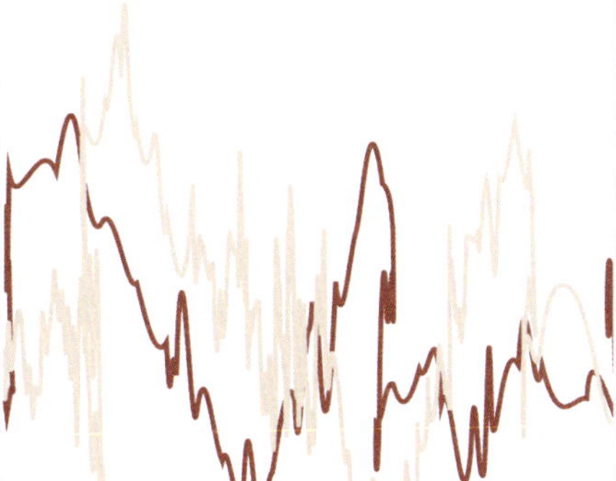

KURZER ELEKTRISIERENDER
SCHAUER ÜBER DEN
GANZEN KÖRPER!

MAN KONZENTRIERT SICH VOLL UND
GANZ AUF DEN*DIE PARTNER*IN
UND DIE LIEBE DAZWISCHEN

Sex-ABC

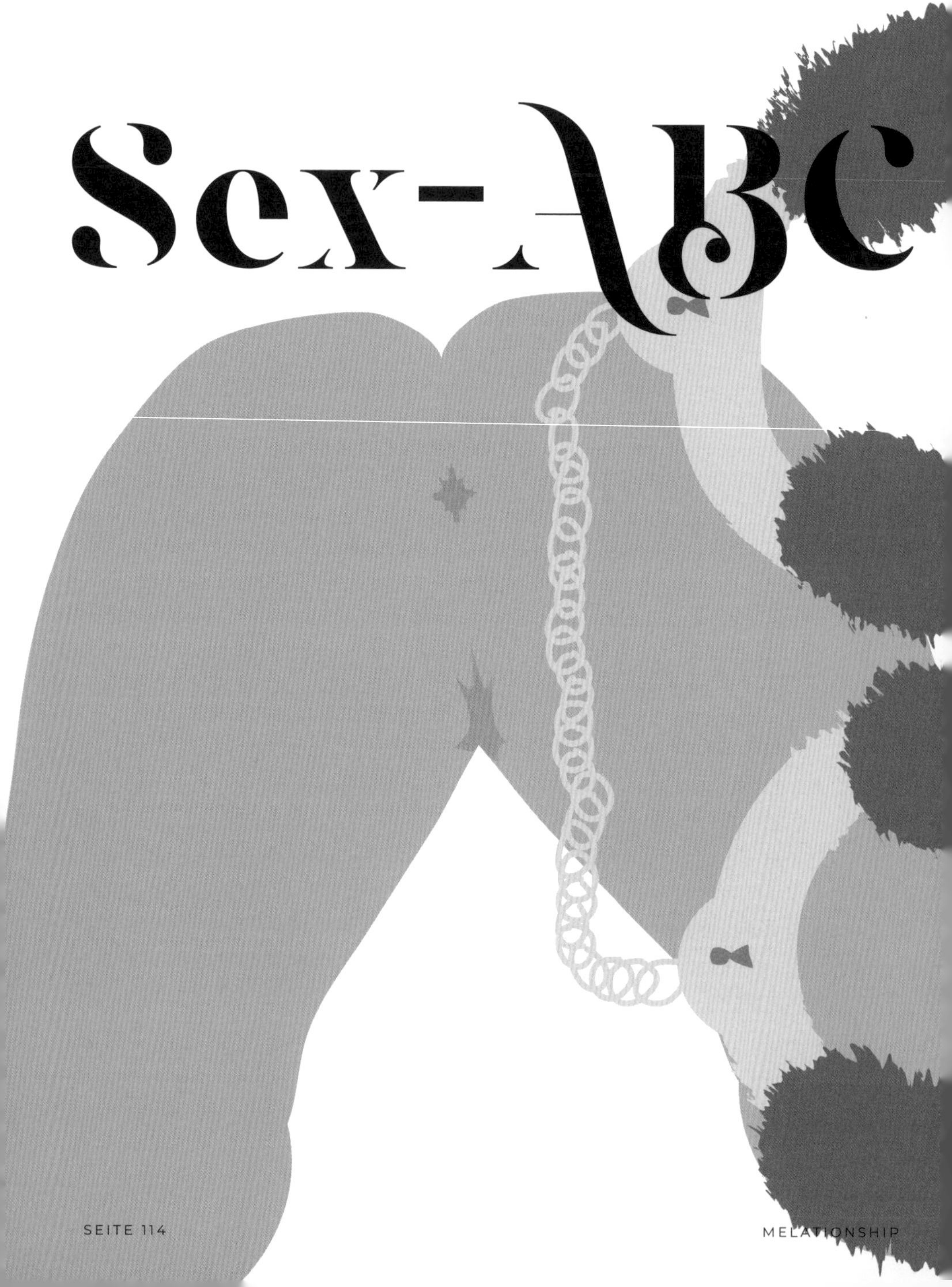

A - ANALSEX

Beim Analsex stimuliert der*die aktive Partner*in den Anus des*der passiven Partners*Partnerin durch Penetration.

B - BDSM

Der Begriff umfasst Sexpraktiken, die den Bereichen Bondage/Discipline, Dominance/ Submission und Sadism/Masochism zugeordnet werden können. Da hierbei auch Gewalt ins Spiel kommt, sind Vertrauen und klar abgesprochene Grenzen zwischen den Partner*innen besonders wichtig.

C - CHOKING

Sexpraktik bei der dem*der Partner*in die Atmung erschwert wird, indem diese*r gewürgt wird. Wie bei allen Praktiken, die dem BDSM-Bereich zugehören, sollte man hier nicht leichtsinnig sein, sich informieren und die Grenzen des*der Partner*in genau kennen, damit man sich nicht gegenseitig in Gefahr bringt.

D - DREIER

Sex zu dritt kann man in den verschiedensten Konstellationen erleben: FFM, MMF, MMM, FFF. Die gängigste Variante sind wohl Paare, die sich eine weitere Person ins Boot holen, um ihr Sexleben etwas aufregender zu gestalten und gemeinsam neue Erfahrungen zu machen.

E - EDGING

Orgasmuskontrolle - Bei dieser Praktik möchte man den Höhepunkt hinauszögern, indem man z.B. immer wieder kurz vorm Orgasmus die Stimulation unterbricht. Dies kann sowohl für längeres Durchhaltevermögen als auch für intensivere Orgasmen sorgen. Manche nutzen diese Technik aber als Kontrollspiel, indem sie den Orgasmus hinauszögern oder sogar ganz unterbinden.

F - FINGERN

Die vaginale oder klitorale Stimulation mit den Fingern. Je nach Vorliebe können hierfür ein oder mehrere Finger verwendet werden sowie verschiedenste Bewegungen, um die Partnerin* zum Höhepunkt zu bringen. Jeder Körper ist anders, somit gibt es keinen allgemeingültigen Fahrplan, den man immer wieder befolgen kann. Man sollte den Körper der Partnerin* individuell erforschen und beobachten, auf welche Berührungen sie* wie reagiert. Auch wenn man inzwischen, verwöhnt durch diverse Sextoys, masturbieren kann, ohne einen Finger krumm zu machen, lohnt es sich, auch mal selbst Hand anzulegen und so die eigenen Vorlieben kennenzulernen und diese dann auch dem*r Partner*in vermitteln zu können.

G - G-PUNKT

Der G-Punkt ist ein Mysterium. Während sich die einen über die genaue Verortung dieser erogenen Zone innerhalb der Vagina uneinig sind, streiten andere deren Existenz komplett ab. Unumstritten ist jedoch, dass es Spaß macht, sich auf die Suche nach dem eigenen G-Punkt zu machen und den eigenen Körper dabei besser kennenzulernen, denn kein Körper gleicht dem anderen.

H - HENTAI

Pornographische Filme im japanischen Anime-Stil.

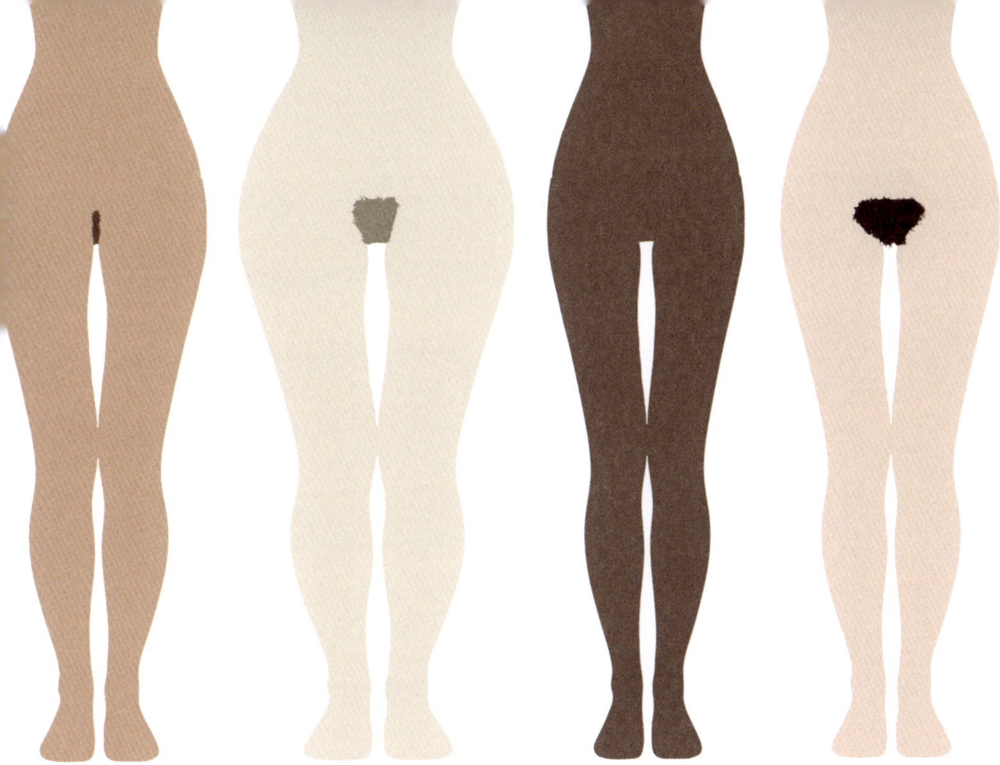

I - INTIMRASUR

Rasur, Waxing, Sugaring - Manche mögen es natürlich, andere lieber glatt. Es gibt inzwischen viele Methoden, sich untenrum zu frisieren und der Kreativität sind keine Grenzen gesetzt. Am wichtigsten ist aber: Man darf selbst entscheiden, ob man sich mit oder ohne Haare wohler fühlt und der*die Partner*in sollte einem diesbezüglich keine Vorschriften machen.

J - JUNGFERNHÄUTCHEN

Anders als oft angenommen handelt es sich nicht um ein Häutchen, das beim ersten Sex reißt, sondern um dehnbare Hautfalten, die innerhalb der Vagina liegen. Diese sind sehr empfindlich und können je nach individueller Anatomie bei kleinen Verletzungen für Blutungen sorgen, zeigen aber nicht die "Jungfräulichkeit" an.

K - KOITUS INTERRUPTUS

...oder auch die "Pull-Out-Methode": Der Penis wird beim Sex aus der Vagina gezogen, bevor es zu einer Ejakulation kommt. Manche verwenden diese Technik als Verhütungsmethode. Dabei sollte einem aber bewusst sein, dass es keinesfalls eine sichere Methode darstellt, um eine ungewollte Schwangerschaft zu vermeiden. Auf der einen Seite fällt es vielen Männern schwer, den Penis kurz vor der Ejakulation tatsächlich herauszuziehen, außerdem kann bereits vorher Sperma in die Vagina gelangen, z.B. über den Lusttropfen (Präejakulat) des Mannes.

L - LIBIDO

Die Libido bezeichnet im Allgemeinen das eigene sexuelle Verlangen und ist bei jeder*m unterschiedlich ausgeprägt. Bei Frauen hat die Ausschüttung von Östrogen einen großen Einfluss auf den Sexualtrieb. Die eigene Libido hängt allerdings mit vielen verschiedenen Faktoren zusammen, wie z.B. mit Stress. Auch einige Medikamente wie die Pille oder auch Antidepressiva können die sexuelle Lust verringern oder sogar zu Libidostörungen führen.

M - MULTIPLER ORGASMUS

Mehrere aufeinanderfolgende Orgasmen - Mit etwas Übung und der richtigen Technik kann es Frauen* gelingen, mehrfach zum Höhepunkt zu kommen. Natürlich gilt auch hier: Jeder Körper ist unterschiedlich und Sexualität ist kein Wettbewerb. Während manche Frauen* sehr einfach zum Orgasmus kommen, braucht es bei anderen viel Übung und andere kommen gar nicht zum Höhepunkt. Deshalb sollte man auch keine unrealistischen Ansprüche an sich selbst stellen und einfach das tun, was sich gut anfühlt.

N - NEUNUNDSECHZIG

Sexstellung, bei der sich beide Partner*innen gleichzeitig oral stimulieren. Bei der gängigsten Variante liegt eine Person auf dem Rücken und die andere Person liegt in umgekehrter Richtung auf ihr. Beide Gesichter befinden sich dabei auf Höhe der Genitalien des*der Partners*Partnerin.

O - ORALSEX

Beim Oralsex stimuliert man den*die Partner*in mit dem Mund. Die orale Stimulation des Penis wird auch Blowjob genannt. Bei der oralen Stimulation des weiblichen Geschlechts spricht man auch von Cunnilingus.

P - PEGGING

Bei dieser Praktik wird meistens ein Mann* durch eine Frau*, die einen Strap-On-Dildo trägt, anal stimuliert. Es gibt das Vorurteil, dass nur schwule Männer anal stimuliert werden wollen, dies ist jedoch nicht der Fall. Im Gegenteil: Männer* können diesen im Allgemeinen genießen, nicht zuletzt auch weil der "männliche G-Punkt" an der Vorsteherdrüse der Prostata verortet ist und gut innerhalb des Anus stimuliert werden kann.

Q - QUICKIE

Bezeichnet rasch vollzogenen Sex, bei dem z.B. auf ein Vorspiel verzichtet wird.

R - RIMMING

...auch Anilingus - Bei dieser Sexualpraktik stimuliert man den Anus des*der Partners*Partnerin oral.

Gefällt mir das noch?

S - SAFEWORD

Wenn man sich entscheidet, die Welt des BDSM und damit die teilweise härteren Sexpraktiken zu erforschen und auszuprobieren, ist es sehr wichtig, die Sicherheit beider Partner*innen im Blick zu behalten und jederzeit zu gewährleisten. Hierbei kann ein Safeword von Nutzen sein, mit dem jederzeit die eigenen Grenzen klargemacht werden können: Jegliche sexuelle Handlung wird direkt unterbrochen, sobald sich eine Person unwohl fühlt. Das Safeword kann ein beliebiges Wort sein und sollte dem*der Partner*in mitgeteilt werden, bevor mit dem Sex losgelegt wird.

T - TELEFONSEX

Beim Telefonsex bringen sich Partner*innen gegenseitig zum Höhepunkt, indem sie im erotischen Gespräch Sinnlichkeiten austauschen, über Fantasien sprechen oder auch Dirty Talk praktizieren. Während des Telefonats kann man zusätzlich masturbieren. Gerade für Fernbeziehungen oder auch in Zeiten, die Social Distancing erfordern, kann diese Sexpraktik dafür sorgen, die Erotik aufrecht zu erhalten. Der Kreativität sind keine Grenzen gesetzt.

U - UROPHILIE

Sexuelle Vorliebe für Urin. Eine bekannte Praktik ist z.B. die "Golden Shower", bei der eine Person auf den*die Sexpartner*in uriniert.

V - VORSPIEL

Wo das Vorspiel anfängt und aufhört, ist für jede Person sowie jedes Paar unterschiedlich. Für manche sind es Blicke, Berührungen und Küsse, die zu expliziten sexuellen Handlungen führen, für andere schließt es jeglichen intimen Austausch ein, abgesehen von der Penetration. Wie lange das Vorspiel dauert, und was dazugehört, hängt immer von individuellen Vorlieben ab, letztendlich geht es darum, die Vorfreude zu steigern und auf den*die Partner*in einzugehen.

W - WEIBLICHE* EJAKULATION

Bei manchen Frauen* kann es durch die Erregung beim Sex und die besondere Stimulierung der G-Zone zur weiblichen* Ejakulation kommen. Dabei wird durch die Harnröhre eine Flüssigkeit abgegeben, bei der es sich allerdings nicht um Urin, sondern die weibliche* Prostataflüssigkeit handelt. Die weibliche* Ejakulation und der Orgasmus müssen nicht unbedingt zusammenhängen.

X - XENOPHILIE

Die Vorliebe für Sex mit Unbekannten. Partner*innen, die sich im Wesentlichen bzgl. ihrer Charaktereigenschaften, ihres Aussehens oder ihrer kulturellen Zugehörigkeit, von einem selbst unterscheiden, werden bevorzugt.

Y - YONI

Tantrische Bezeichnung für das weibliche* Geschlecht.

Z - ZWEISAMKEIT

Unsere Sexualität ist vielfältig. Schlussendlich geht es aber immer darum, was einem selbst und dem*der Partner*in gefällt, womit man sich wohlfühlt und wie man sich am besten fallen lassen kann. Sprecht miteinander, geht aufeinander ein und genießt eure Zweisamkeit.

Von STIs und STDs - sexuell übertragbare Krankheiten

Wir Menschen lieben viele Dinge, darunter Sex und Abkürzungen. Oft reichen uns drei Buchstaben, um äußerst komplexe Zustände und Zusammenhänge zu beschreiben. Sex steht zum Beispiel für so viel mehr als nur den reinen Geschlechtsakt zwischen zwei Menschen. Zweimal drei Buchstaben reichen, um die gesundheitlich negativen Aspekte von Sex zusammenzufassen: Unter STIs (sexual transmitted infections) und STDs (sexual transmitted diseases) werden alle sexuell übertragbaren Infektionen und Krankheiten zusammengefasst. Wir haben für dich die wichtigsten Infos zu ausgewählten STIs und STDs gesammelt.

Die Erreger von sexuell übertragbaren Krankheiten sind so vielfältig wie die Symptome und Ausprägungen. Während manche Krankheiten von Bakterien (Syphilis, Gonorrhö,

Chlamydien) und Viren (HIV, Hepatitis B, Genitalwarzen, Feigwarzen) übertragen werden, können auch Pilze (vaginale Pilzinfektion), Einzeller (Trichomoniasis) und Gliederfüßler (Filzläuse) unangenehme Krankheiten auslösen. Ausgelöst werden können die Infektionen durch Vaginalverkehr, Analsex, Oralsex oder das Benutzen von unsauberem Sexspielzeug. Auch bei Petting oder Andeinanderreiben von nackter Haut kann eine Übertragung mancher Infektionen stattfinden. Andere Übertragungswege können bei manchen Infektionen der Kontakt mit Bläschen (Herpes), Geschwüren (Syphilis), Genitalwarzen oder das Teilen von Injektionsmaterial, Zahnbürste (Hepatitis B), Handtüchern und Bettwäsche (Filzläuse) sein.

AIDS (HIV)

Die bekannteste sexuell übertragbare Krankheit ist AIDS, die durch das Humane Immundefizienz-Virus (HIV) ausgelöst wird. Nach Millionen Todesfällen in den vergangenen Jahrzehnten ist das Virus heute mittlerweile gut behandelbar, aber noch immer nicht heilbar. Andere Infektionen sind dagegen jedoch wesentlich unbekannter.

Humane Papillomviren (HPV)

Es existieren über 170 verschiedene Humane Papillomviren (HPV), von denen einige mehr oder weniger gefährliche Krankheiten im Genitalbereich ausbilden können. Weniger gefährlich sind zum Beispiel Feigwarzen, die von Frau* zu Frau* unterschiedlich aussehen, aber nicht schmerzen. Gynäkolog*innen können sie leicht identifizieren und mit Cremes, Salben oder kleinen operativen Eingriffen behandeln. Wesentlich gefährlicher sind dagegen verschiedene Krebsarten, die durch HPV ausgelöst werden können. Dazu zählen Gebärmutterhals-, Anal-, Kehlkopf- und Zungenkrebs.

> Über 70 Prozent der Frauen* infizieren sich im Laufe ihres Lebens mit HPV.

Viele Infektionen werden aber innerhalb von 18 Monaten von unserem Immunsystem bekämpft.

Chlamydien

Chlamydien sind auch bekannt als „silent disease“. Das kommt daher, dass die Infektion in zwei von drei Fällen symptomfrei verläuft, weil sich die Bakterien in gesunden Körperzellen vermehren und sich in diesen „verstecken“.

> Unentdeckt oder unbehandelt kann eine Infektion zur Unfruchtbarkeit führen.

Wenn sich Symptome zeigen, sind es häufig Unterleibsschmerzen, Schmerzen beim Entleeren der Blase und beim Sex oder untypische Schmierblutungen. Chlamydien werden mit Antibiotika behandelt, auch bei den Sexpartner*innen.

> Besonders Männer* laufen Gefahr, die Infektion weiterzugeben, weil sie fast nie Symptome spüren.

Tripper

Tripper tritt häufig in Zusammenhang mit Chlamydieninfektionen auf, kann aber auch alleine vorkommen. Symptome sind zwei bis vier Tage nach der Ansteckung vermehrter eitriger Ausfluss und eine entzündete Harnröhre.

Herpes genitalis

Der Herpes genitalis macht sich durch Bläschen an den Vulvalippen oder am Eingang der Vagina, vereinzelt aber auch am Gebärmutterhals, am Po oder am Venushügel bemerkbar. Bei der ersten Infektion zeigen sich zusätzlich bis zu 20 Tage lang starke körperliche Symptome wie Fieber, Gliederschmerzen, geschwollene Lymphknoten in der Leistengegend und Jucken. Bei einer Erstinfektion dauert die Krankheit relativ lange an.
Herpes kann immer wieder auftreten, genau wie Lippenherpes. Beide sind sich sehr ähnlich, nur ist Genitalherpes aggressiver.

Um neuen Ausbrüchen vorzubeugen, hilft die Einnahme von Zink oder speziellen Tabletten, natürlich immer in Absprache mit dem*r Arzt*Ärztin. Auch das Vermeiden von Stress hilft, denn Stress schwächt das Immunsystem und erleichtert einen Herpesausbruch.

Pilze

Pilze sind normale Bewohner der Vaginalflora. Gerät diese Flora aus dem Gleichgewicht, kann es zu einer Infektion kommen, die als Kandida oder einfach Scheidenpilz bezeichnet wird. Ursachen für eine Infektion können ein schwaches Immunsystem, Stress, Hormonschwankungen, zu enge und luftundurchlässige Kleidung, zu viel Reibung beim Sex und manchmal auch Sperma sein. Häufig treten Pilzinfektionen nach einer Blasenentzündung auf. Symptome sind weißlicher, bröckliger und geruchsloser Ausfluss, Jucken an der Vulva oder eine weißlich belegte Vaginalschleimhaut. Behandelt werden die Pilze mit Zäpfchen oder Tabletten in Kombination mit einer Salbe.

> Auch Partner*innen müssen mit der Salbe behandelt werden, um eine erneute Ansteckung zu vermeiden.

Auch wenn noch kein Wundermittel existiert, das vor allen sexuell übertragbaren Krankheiten schützt, gibt es verschiedene Möglichkeiten, wie Sex safer ist. Dabei ist es wichtig, dass man zwischen Empfängnisverhütung und dem Schutz vor STIs unterscheidet. Die Pille, Spirale oder Verhütungspflaster können eine unerwartete Schwangerschaft verhindern, aber bieten keinen Schutz vor Viren, Bakterien oder Pilzen.

Auch 165 Jahre nach der Erfindung des Gummi-Kondoms ist dieses immer noch eine der einfachsten und sichersten Methoden, um sich und seine*n Partner*in zu schützen. Wesentlich seltener verbreitet ist das Femidom, bei dem die Frau selbstbestimmt entscheiden kann, sich zu schützen. Gegen manche Viren wie HPV oder Hepatitis B gibt es außerdem Impfungen.

Da manche Infektionen symptomfrei auftreten können, ist es wichtig, sich nach ungeschütztem Geschlechtsverkehr regelmäßig auf alle STIs testen zu lassen.

Krankheiten wie Syphilis, HIV und Hepatitis B sind in Deutschland nach dem Infektionsschutzgesetz außerdem meldepflichtig.

Durch eine frühe Diagnose können viele Infektionen mittlerweile gut und schnell behandelt werden, um Folgekrankheiten zu verhindern. Wichtig ist, dass der*die Partner*in immer mitbehandelt wird, denn ausbleibende Symptome sind kein Beweis dafür, dass die Infektion nicht übertragen wurde. Außerdem schwächen viele Infektionen das Immunsystem, sodass weitere Krankheiten einfacher übertragen werden können. Keine Angst.

Sex besteht aus so viel mehr als dem Risiko, eine Krankheit zu bekommen. Deswegen achte auf dich und deine*n Partner*in und schützt euch.

Denn erst, wenn Sex safer ist, könnt ihr ihn so richtig genießen. Und aus einer Abkürzung wird schnell eine sichere Verlängerung.

5,1%

3,

53,

Was sind die beliebtesten Sextoys?

Ich selbst habe erst in den letzten Jahren Erfahrungen mit Sextoys gemacht. Gestartet hat es mit einem Womanizer, den ich mir für mich selbst gekauft habe. Mittlerweile habe ich mehr Toys ausprobiert und bin auch offener geworden. Wenn man ehrlich über Sex und seine Bedürfnisse spricht, kommt man vermutlich an Toys nicht vorbei. Jede*r darf selbst entscheiden, worauf er*sie Lust hat und sollte das mit seinem*r Partner*in kommunizieren. Sextoys können auf jeden Fall eine Abwechslung und Bereicherung sein, sind oftmals eine gute Unterstützung und dienen nicht nur dazu, wilde Fantasien zu stillen.

Vibratoren scheinen die erste Wahl zu sein, wenn es um Sextoys geht. Auch ihr habt in unserer Umfrage geantwortet, dass ihr am liebsten Vibratoren benutzt. Hier gibt es natürlich unterschiedliche Modelle und Varianten.

Klassischer Vibrator

Vibratoren gibt es in allen möglichen Farben und Formen. Meistens gibt es die Möglichkeit, verschiedene Programme und Vibrationsstärken auszuwählen und sowohl innere als auch äußere Stimulation zu erzeugen.

Auflegevibrator

Hier gibt es viele verschiedene Ausführungen, aber generell dienen Auflegevibratoren der äußeren Stimulation. In den meisten Fällen sind sie auf die klitorale Stimulation ausgelegt, aber Kreativität kennt bekanntlich keine Grenzen. Genauso gut kann man ausprobieren, wie sich die Vibration an anderen Körperteilen anfühlt, wie z.B. an den Brüsten oder dem Penis.

Druckwellenvibrator

Dieses ist aktuell wohl eines der beliebtesten Modelle. Der Auflegevibrator, den viele als Satisfyer oder auch Womanizer kennen, wird so auf der Klitoris platziert, dass diese von der Öffnung umschlossen wird und ein Unterdruck entstehen kann. Man kann die Stärke der Druckwellen variieren. Manche Modelle verbinden die Programme der Druckwellen noch mit einer Auswahl an Vibrationen für noch mehr Variation.

G-Punkt-Vibrator

G-Punkt-Vibratoren werden in die Vagina eingeführt und sind so geformt, dass sie optimal den G-Punkt stimulieren können. Da jeder Körper unterschiedlich ist und es nicht eine universelle Lösung gibt, die jeden G-Punkt erreicht, gibt es verschiedene Modelle und Formen.

Dildo

Die Auswahl an Dildos ist riesengroß. So kann man von sogenannten Naturdildos, die dem Penis eher realitätsnah nachempfunden sind, bis hin zu schicken Glasdildos, die auch als Dekostück auf dem Nachttisch nicht besonders auffallen würden, alles Mögliche finden. Wenn man es besonders naturgetreu mag, bietet sich z.B. ein Umschnalldildo an, mit dem man den*die Partner*in mit vollem Körpereinsatz beglücken kann. Wer es lieber abstrakt mag, bevorzugt eventuell einen grünen Glasdildo mit Noppen, der optisch nicht weiter von einem Penis entfernt sein könnte.

Liebeskugeln/Yoni-Ei

Liebeskugeln werden vor allem verwendet, um die Beckenbodenmuskulatur zu trainieren. Viele versprechen sich davon z.B. intensivere Orgasmen. Die Liebeskugeln werden in die Vagina eingeführt und dann über einen bestimmten Zeitraum getragen. Durch die daraus entstehende Anspannung wird die Vaginalmuskulatur trainiert. Die verschiedenen Modelle unterscheiden sich in Form, Farbe, Material und Gewicht.

Partnertoys

Wenn man Toys gemeinsam mit dem*der Partner*in verwenden möchte, gibt es neben den oben genannten Optionen auch solche, die genau dafür konzipiert wurden. Paarvibratoren können z.B. so aufgebaut sein, dass beide Partner*innen gleichzeitig eine Seite des Spielzeugs einführen können. Eine andere Variante sind Vibratoren, die vaginal eingeführt werden und beim Sex zusätzlich auch den eindringenden Penis stimulieren. Ferngesteuerte Vibratoren bieten außerdem die Möglichkeit, die Kontrolle über die Vibrationsstärke und die Programmauswahl abzugeben. Inzwischen gibt es sogar solche, die über eine App gesteuert werden und selbst über weite Entfernungen hinweg funktionieren.

Analplugs

Natürlich gibt es allerlei Spielzeuge, die der analen Stimulation dienen. Von Analplugs bis zu Analdildos ist die Auswahl groß. Hierbei lohnt es sich, zusätzlich das richtige Gleitmittel zu finden, damit es bei den Liebesspielen nicht zu unnötigen Verletzungen kommt.

Sonstige Hilfsmittel & härtere Geschütze

Neben den klassischen Toys können auch andere Hilfsmittel interessant sein. Handschellen, Augenmasken, Liebesschaukeln & Co. können das Sexleben aufregender gestalten, wenn einem*r der Sinn nach Abwechslung steht und man Lust hat, neue Dinge auszuprobieren.
Wenn man es ein bisschen härter mag und vielleicht sogar die Welt des BDSM erkunden möchte, gibt es in diesem Bereich einiges zu entdecken. Von Peitschen über Knebel und Bondage-Seilen bis hin zu Nippel-Klemmen sind hier die Möglichkeiten, die eigenen Vorlieben zu erforschen, grenzenlos.

Ich bin frei!

In allem, was ich sage & in allem, was ich trage.
Ich möchte nicht zum Opfer werden, um zu lindern dein Begehren
Lasst das Schweigen brechen und mit anderen darüber sprechen.
Denn....

...**40%** der Frauen in Deutschland haben seit ihrem 16. Lebensjahr körperliche und/oder sexualisierte Gewalt erlebt.
...**47%** der von sexualisierter Gewalt Betroffenen haben mit niemandem darüber gesprochen.
...**80%** der Betroffenen haben je nach Gewaltform psychische Folgebeschwerden davongetragen.

Nicht wir Frauen müssen uns anpassen, um sicher zu sein, sondern die Gesellschaft muss lernen, sexualisierte Gewalt nicht hinzunehmen und konkrete Hilfe anzubieten.

WARNUNG

Sexualisierte Gewalt hat viele Gesichter - meine Geschichte

Triggerwarnung: Dieser Text beschäftigt sich mit dem Thema sexualisierte Gewalt. Solltest du dich nicht in der Lage fühlen, dich mit diesem Thema auseinanderzusetzen, überspringe bitte diesen Text.

Ich wurde vergewaltigt. Es hat lange gedauert, bis ich diesen Satz sagen - sogar denken - konnte. Sexualisierte Gewalt ist und war immer ein aktuelles Thema. Inzwischen wird zum Glück offener darüber gesprochen als noch vor ein paar Jahren. Immer mehr Betroffene melden sich zu Wort, stehen auf und teilen ihre Erfahrungen - nicht zuletzt auch, um anderen zu helfen, das Gleiche tun zu können.

Auch ich möchte schon lange über die Dinge sprechen, die ich erfahren habe und trotzdem finde ich immer wieder Gründe, es nicht zu tun: "Man wird mir nicht glauben." "Ich werde

Vorwürfen begegnen." "Der Täter wird es herausfinden und mich aufsuchen." Das sind Gedanken, die mir immer wieder durch den Kopf spuken; Gedanken, die Angst schüren und mich verunsichern; Gedanken, die mir den Mund verbieten und mich dazu bringen, mich selbst anzuzweifeln.

> Sexualisierte Gewalt hat viele Gesichter. Es ist nicht immer der Überfall in einer dunklen Gasse auf dem Heimweg.

Jemand, den du liebst, überredet dich zum Sex, obwohl du nicht möchtest? Du möchtest eine bestimmte sexuelle Praktik nicht ausführen, aber dein "Nein" wird ignoriert? Während des Sex fühlst du dich unwohl und möchtest aufhören, aber die andere Person sagt, du sollest dich nicht so anstellen und macht einfach weiter? Du bist auf Grund von Alkohol- und/oder Drogenkonsum nicht mehr in der Lage, einzuwilligen und jemand nutzt diesen Zustand aus? Das sind nur wenige Beispiele für Situationen, in denen sexualisierte Gewalt auftreten kann. Fakt ist aber:

> Jede sexuelle Handlung, die an dir ohne deine Einwilligung vorgenommen wird oder zu der du unfreiwillig gedrängt wirst, ist eine Vergewaltigung.

Als ich meinen Vergewaltiger kennenlernte, war ich unerfahren, aber sexuell relativ aufgeschlossen. Er machte den Eindruck, als könnten wir gemeinsam und einvernehmlich verschiedene Dinge ausprobieren und ohne weitere Verpflichtungen einzugehen Spaß haben.

> Ich dachte, weil ich keine Ansprüche an ihn stellte und auch sonst wirklich offen für verschiedenste Praktiken und Fantasien war, würde er keinen Grund haben, mir etwas anzutun.

Wir sprachen über Dinge, die er mochte und andersherum auch über meine Vorlieben und zu Beginn dieser Affäre schien es so, als würde er mich respektieren und damit auch meine Grenzen. Wie bereits erwähnt, war ich eigentlich sehr offen und auch härteren sexuellen Praktiken nicht abgeneigt, aber es gab einige Dinge, die ich nicht wollte. Ich wollte keinen ungeschützen Verkehr, ich wollte keinen Analsex, ich wollte nicht geschlagen werden.

> Als ich jedoch anfing, ihm diese Grenzen aufzuzeigen und zu kommunizieren, was ich auf keinen Fall wollte, fand er immer wieder einen Weg, genau diese Dinge zu tun.

Gleichzeitig sprach er in meinem Umfeld hinter meinem Rücken über mich und erzählte anderen, worauf ich vermeintlich stand und was er alles mit mir machen "dürfte". Einmal kam ein betrunkener Kollege auf mich zu und deutete mit einer Handbewegung an, mich schlagen zu wollen. Als ich ihn fragte, was das solle, sagte er nur: "Stell dich nicht so an, es weiß doch jeder, dass du darauf stehst." In diesem Moment wurde mir meine Position klar.

> Mir wurde klar, dass mir niemand glauben würde, wenn ich das Gegenteil behaupten würde und ich hatte Angst, dass noch schlimmere Dinge über mich verbreitet werden würden. Jedes Mal, wenn er eine meiner Grenzen überschritt, suchte ich die Schuld bei mir.

Vielleicht hatte ich sie ihm nicht deutlich gemacht? Und ich hatte ja auch zugestimmt, mit ihm zu schlafen, also war ich selbst schuld oder? In unserer letzten gemeinsamen Nacht überredete er mich, noch einmal mit zu ihm zu kommen. Ich hatte sehr viel getrunken und erinnere mich nur bruchstückhaft an das, was passierte. Die Erinnerungen an das Danach sind dafür umso stärker: Auf meinem Heimweg verlief ich mich mehrmals, weil ich völlig orientierungslos war. Ich hatte Schmerzen, die ich aber durch meinen Alkoholpegel zu dem Zeitpunkt noch geringer wahrnahm.

> Als ich nach Hause kam, erbrach ich Blut. Ich hatte Verletzungen, die nichts mit sexuellen Praktiken zu tun hatten, denen ich irgendwann mal zugestimmt hatte.

Mein Oberarm war ein einziges Hämatom, meine Lippe war aufgesprungen und ich hatte ein blaues Auge. Das waren nur einige der Verletzungen, die ich an diesem Morgen an mir entdeckte und für die ich wieder mir selbst die Schuld gab. Auch zu diesem Zeitpunkt war ich nicht in der Lage, mir selbst einzugestehen, dass etwas gegen meinen Willen passiert war.

> Ich nahm den Täter weiterhin in Schutz, verwischte die Spuren und tat so, als würde mich das alles nicht weiter stören.

Später erfuhr ich, dass er eine weitere Grenze überschritten hatte. Dass er mich in dieser Nacht gefilmt hatte und das Video an seine Kollegen und Freunde weiterleitete zusammen mit weiteren Lügen über mich. Ich mochte es nie besonders, fotografiert oder gefilmt zu werden und hatte ihm das in der Vergangenheit auch des Öfteren gesagt. Ich hatte ihm deutlich zu verstehen gegeben, dass Aufnahmen jeglicher sexueller Aktivitäten für mich nicht in Frage kommen. Für mich war das der Punkt, an dem ich erkannte, dass etwas falsch lief.

> Auch wenn mein Selbsthass inzwischen zu groß war, um zu erkennen, was mir auf körperlicher Ebene angetan wurde, machte mir dieses Video ganz klar, dass es sich hierbei nicht um einvernehmlichen Sex handeln konnte.

Dieses Video führte mir buchstäblich vor Augen, dass ich nicht respektiert wurde, dass meine Grenzen unbedeutend waren und dass ich keine Kontrolle über das hatte, was passiert war. Leider war diese Erkenntnis erst der Anfang des Weges, den ich gehen musste, um zu erkennen, dass ich ein Opfer war. Man hört immer, man solle sich selbst nicht als Opfer darstellen und stark aus solchen Erlebnissen herausgehen.

> Aber ich war nicht stark, ich brauchte Hilfe. Ich war depressiv, entwickelte eine Posttraumatische Belastungsstörung, die von Panikattacken und Schlafstörungen begleitet wurde und brauchte - und brauche immer noch - jahrelange Therapie, um zu dem Punkt zu kommen, an dem ich heute bin.

An dem Punkt, an dem ich mir erlaube, das Erlebte als Vergewaltigung zu benennen. Ich schäme mich nicht mehr. Trotzdem begleitet mich das alles jeden Tag. Das Trauma beeinflusst meine Beziehungen, mein Verhältnis zu mir und meinem Körper und meine Sexualität.

> Ich musste neu lernen, dass ich Sexualität leben kann und darf, ohne dass sich die Vergangenheit wiederholen wird.

Ich musste lernen, dass ich keine "Schlampe" bin, weil ich sexuelle Bedürfnisse habe und diese auch ausleben will. Ich musste lernen zu vertrauen. Darauf, dass nicht jeder potenzielle Partner nur darauf wartet, meine Grenzen zu überschreiten. Mir fällt es immer noch schwer zu verstehen, wie das alles passieren konnte und an schlechten Tagen mache ich mir weiter Vorwürfe. Dann versuche ich mich auf das zu konzentrieren, was ich geschafft habe: Ich habe Hilfe angenommen, ich habe angefangen zu verarbeiten, ich habe überlebt.

Hilfe & Beratung für Opfer sexualisierter Gewalt

Wenn einem schlimme Dinge widerfahren, kann es schwierig sein, Hilfe anzunehmen. Manchmal hat man nicht die Möglichkeit, sich an vertraute Personen zu wenden oder man hat Angst, ärztliche Hilfe in Anspruch zu nehmen oder zur Polizei zu gehen. Hier können (anonyme) Hilfsangebote wie Hilfe-Hotlines oder -Websites eine gute erste Anlaufstelle sein. Es gibt inzwischen viele Plattformen, die auch die Möglichkeit einer Chat- oder Mailberatung anbieten.

Egal, welchen Weg man letztendlich wählt, es lohnt sich immer, Hilfe zu suchen, denn niemand sollte solche Erfahrungen alleine verarbeiten müssen.

Telefonseelsorge
0800 111 0 111
0800 111 0 222

Nummer gegen Kummer
116 111

Infotelefon Depression
0800 33 44 533

Weißer Ring – Opfertelefon
116 006

Hilfetelefon Gewalt gegen Frauen
0800 116 016

Liebe 18-jährige Diana,

Du bist wunderschön, so wie du bist.
Du bist zielstrebig und ein kleiner Sonnenschein. Lass dir das von niemandem nehmen.
Du wirst in den nächsten Jahren einfach so viel lernen und so sehr über dich hinauswachsen.
Du brauchst dir keine Sorgen über deine Unsicherheiten machen. Deine kleine Oberweite oder deine sportlichen Oberschenkel machen dich aus.
Du wirst merken, dass du viel schöner bist, wenn du dich weniger stark schminkst und auf Extensions und Wimpernverlängerungen verzichtest.
Du wirst dich mit jedem Tag mehr finden und immer weniger den Vergleich mit anderen suchen, weil du auf deine Weise wundervoll bist. Du wirst immer mutiger und selbstbewusster werden. Und die Dinge, die deinem Herz auch mal Kummer und Schmerz bereiten, machen dich stark.
Dir wird noch oft das Herz gebrochen werden, du wirst oft nicht verstehen, warum jemand den Kontakt zu dir beendet, nicht mit dir zusammen sein will oder dich sogar betrügt. Du wirst dich oft dafür selbst verantwortlich machen, auch wenn du gar keine Schuld trägst.
Du bist wundervoll, so wie du bist und du brauchst auch niemandem hinterherzutrauern weil du unabhängig von einem Partner leben kannst.
Du kannst so stolz sein, dass du mit so jungen Jahren fest im Leben stehst, dass du deine beruflichen Ziele verfolgst und stets mutig genug bist, um Dinge zu verändern.
Sei dankbar für all die Erfahrungen, die du machen wirst, hör' auf dein Herz und lass dich weiterhin von tollen Frauen inspirieren, die dich antreiben, anstatt dich mit anderen zu vergleichen.
Vielleicht verläuft dein Leben anders als geplant, aber es werden auch viele positive Überraschungen auf dich warten.
Also, sei stolz auf dich und freue dich auf die Zukunft.
Denn du bist nur einmal jung!

Danke

Schlusswort

*Zum Abschluss möchte ich mich noch mal ausdrücklich bei meinen Gastator*innen bedanken: Ihr seid alle wunderbar inspirierend und leistet einen schönen Beitrag für dieses Projekt, danke!*

Muriel Boettger von @murielboettger **S. 10**

Silvi Carlsson von @silvicarlsson **S. 86**

Kati von @dominokati **S. 48**

Alexa Grassmann von @alexasearth **S. 98**

Kisu von @kisu **S. 42**

Anna Lautwein von @annalautweinvoice **S. 66**

Sara Isabel Mayer von @saraisabel **S. 62**

Leah Smyra von @leahmitherz **S. 74**

Annelina Waller von @annelinawaller **S. 58**

Elena Weidemann von @einhorn.period **S. 20**

Anna Wilken von @anna.wilken **S. 50**

Maximilian Wolf von @jugendgegenaids **S. 122**